DIE 27 PERSÖNLICHKEITEN
DES ENNEAGRAMMS

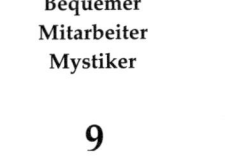

Bequemer
Mitarbeiter
Mystiker

Perfektionist
Gesetzgeber
Eroberer

Gewichtheber
Führer
Retter

9

1

8

Genussmensch
Visionär
Gauner

7

2

Matriarchin
Diplomat
Romantiker

27

6

3

Familienmensch
Beschützer
Mutiger

Pragmatiker
Politiker
Superstar

5

4

Sammler
Professor
Zauberer

Kunsthandwerker
Kritiker
Dramatiker

DIE 27 CHARAKTERE DES ENNEAGRAMMS
UND IHRE TIEFERE IDENTITÄT

ERWEITERTER UND VERÄNDERTER AUSZUG AUS
RATHMER´S GROßEM ENNEAGRAMM-LEXIKON VON A-Z

2. ERWEITERTE AUFLAGE, AUGUST 2018

Bibliographische Information der Deutschen Nationalbibliothek

Die Deutsche Nationalbibliothek verzeichnet diese Publikation in der Deutschen Nationalbibliografie; detaillierte bibliographische Daten sind im Internet über **www.dnb.de** abrufbar.

Wichtiger Hinweis: Medizin als Wissenschaft ist ständig im Fluss. Forschung und Erfahrung erweitern unsere Kenntnisse, insbesondere was Behandlung und medikamentöse Therapie anbelangt. Soweit in diesem Werk eine Dosierung oder Applikation erwähnt wird, darf der Leser zwar darauf vertrauen, dass Autoren, Herausgeber und Verlag große Sorgfalt darauf verwandt haben, dass diese Angabe genau dem Wissensstand bei Fertigstellung des Werkes entspricht. Dennoch ist jeder Benutzer aufgefordert, die Beipackzettel der verwendeten Präparate zu prüfen, um in eigener Verantwortung festzustellen, ob die dort gegebene Empfehlung für Dosierungen oder die Beachtung von Kontraindikationen gegenüber der Angabe in diesem Buch abweicht. Dies gilt nicht nur bei selten verwendeten oder neu auf den Markt gebrachten Präparaten, sondern auch bei denjenigen, die vom Bundesgesundheitsamt (BGA) oder Paul-Ehrlich Institut (PEI) in ihrer Anwendbarkeit eingeschränkt worden sind. Geschützte Warennamen (Warenzeichen) werden nicht besonders kenntlich gemacht. Aus dem Fehlen eines solchen Hinweises kann also nicht geschlossen werden, dass es sich um einen freien Warennamen handelt.

QR-Code Verlagshaus Rathmer:

Herstellung und Verlag: **BoD- Books on Demand, Norderstedt**
Lektorat, Endkorrektorat, mediale Gesamtgestaltung: Detlef Rathmer
Kreative Unterstützung: David L. Rathmer
Technische Unterstützung: Jonah S. Rathmer

Detlef Rathmer
Molkereiweg 9
48727 Billerbeck
Tel.: 02543/931 85 07
Email: 9Rathmer@gmail.com

Vorwort/Einführung

Dieses Buch beinhaltet einen *wesentlichen Bestandteil* meines Enneagramm-Lexikons, der so *elementar wichtig* ist, dass er hier nun in *etwas erweiterter und veränderter Form* als eigenes thematisch in sich abgeschlossenes Buch erscheint. Innerhalb eines Enneagramm-Musters existieren jeweils *drei sog. Untertypen (auch Subtypen oder Instinktvarianten genannt), 1. der selbsterhaltende Untertyp* (Abkürzung: **SE**), der den *Fokus seiner Aufmerksamkeit* immer zunächst *auf sich selbst und das eigene Überleben richtet, 2. der soziale Untertyp* (Abkürzung: **SO**), der seinen *Aufmerksamkeits-Fokus primär auf die Gemeinschaft mit anderen Menschen richtet* und *3. der sexuell-aggressive oder Beziehungstyp* (Abkürzung: **S**), der *sich selbst immer fokussiert und definiert in Bezug auf einen Partner oder eine andere ihm vertraute Person im privaten Bereich.* Jeder Mensch hat *Anteile von allen drei Untertypen*, aber *zu unterschiedlichen prozentualen Anteilen.* In aller Regel stehen dabei *zwei von drei Untertypen-Ausprägungen* im Vordergrund (es kann zwischen diesen beiden manchmal schwer sein zu entscheiden, welcher Untertyp letztlich die vorherrschende Ausprägung hat und somit den tatsächlichen Schwerpunkt-Untertypen bildet), während die *dritte verbleibende Ausprägung* des jeweiligen Untertyps immer eine *rezessive, untergeordnete, weniger ausgeprägte Rolle* einnimmt. Genauso wie wir im *9er-System des Enneagramms* die Energiezentren *Bauchzentrum* (**Typen 8, 9, 1**), *Herzzentrum* (**Typen 2, 3, 4**) und *Kopfzentrum* (**Typen 5, 6, 7**) vorfinden, gibt es auch innerhalb eines Enneagrammtyps jeweils *drei energetisch sehr unterschiedliche Facetten von Energien*, bei denen man genau diese *energetischen Unterschiede des Vorherrschens eines dieser drei energetischen Zentren* auch *innerhalb eines Enneatyps* erkennen kann: Beim *selbsterhaltenden Untertyp* herrscht eine *physikalische, körperorientierte, ein wenig mechanische Energie* vor, beim *sozialen Untertyp* vornehmlich eine *intellektuelle, an mentalen Vorgängen orientierte Energie* und beim *sexuell (-aggressiven) Untertyp* primär eine *emotionale, anregende, unmittelbare und mitunter auch deutlich aggressive Form der energetischen Qualität.* Ähnlich also dem *Netz der Indra*, welches der indischen Mythologie entstammt und nachdem das *Leben als riesiges Netzwerk* beschrieben wird, *dass das ganze Universum umfasst, in dem alles mit allem verbunden ist und wo jeder Kristall in diesem Netzwerk auf seiner Oberfläche jeden anderen Kristall widerspiegelt,* finden wir diese Entsprechungen auch innerhalb des Enneagramms *auf allen Ebenen des menschlichen Daseins.* Durch die *Kombination von neun möglichen Enneagramm-Prinzipien* sowie den *jeweiligen Untertypen-Ausprägungen* ergeben sich somit *insgesamt **27 unterschiedliche** nachfolgend ausführlich beschriebene **Persönlichkeitsprofile**, wobei jeder Mensch letztlich vorherrschend nur einem dieser 27 Untertypen entspricht.* Jedes einzelne dieser Persönlichkeitsmuster hat seine eigene innere Dynamik, spezifische Audrucksfähigkeit und ureigenste Integrität. Die ausführliche Beschreibung der *Kernthemen der verschiedenen Subtypen* ermöglicht ein *tiefgreifendes und nachhaltiges Verständnis für jede der 27 denkbaren Varianten des Menschseins.* Vergegenwärtigt man sich dabei schon das *enge Zusammenspiel zwischen den 9 Leidenschaften der Enneagrammtypen* sowie *den drei möglichen Grundinstinkten*, wird allein dadurch schon *sehr viel Grundlegendes deutlich in Bezug auf das spezifische Verhalten eines von 27 Charakteren.* Die **27 Subtypen des Enneagramms** sind nicht zu verstehen als *einzig mögliche Urform eines Subtyps*, der innerhalb eines Enneagrammprinzips immer exakt voneinander abgrenzbar ist, sondern es gibt viele *sog. Mischtypen*, die von den jeweils anderen Varianten innerhalb des Grundmusters ebenso einzelne Eigenschaften besitzen können. Dennoch gibt es dabei immer einen *bestimmten Schwerpunkt in Form des jeweiligen Subtyps*, den es zu erkennen gilt. *Durch die nachfolgende ausführliche Beschreibung aller 27 Varianten des Menschseins besteht die Möglichkeit, im Spiegel des Enneagramms sich selbst und auch andere Menschen besser kennenzulernen und zu verstehen. Dabei wünsche ich allen LeserInnen viele gute Erkenntnisse und eine vorurteilsfreie Wahrnehmung für andere Menschen und für sich selbst.*

Ihr Detlef Rathmer

Wichtige Begriffsbestimmungen/Abkürzungen/Hinweise

Enneagramm (von altgriechisch ἐννέα, *ennea*, „neun", und γράμμα, *gramma*, „das Geschriebene, das Zeichen, der Buchstabe") bezeichnet ein neunspitziges Symbol, das als grafisches Strukturmodell neun grundsätzliche Qualitäten bzw. Urprinzipien des Universums unterscheidet, ordnet und miteinander in Beziehung setzt.

Enneagramm-Fixierung bedeutet, dass jeder Enneagrammtyp von einem Ideal ausgeht, einem Fixpunkt, an dem sich seine Lebensgestaltung ausrichtet und auf den er fixiert ist. Es macht geradezu das Verhaltensmuster des beschriebenen Typs aus, trotz aller Widrigkeiten an seinem Ideal festzuhalten.

Flügel: Ein Typ weist meist auch Eigenschaften seiner beiden direkten Nachbarn auf, welche als Flügel (engl. „wings") bezeichnet werden (Typ 1 hat z.B. die benachbarten Flügel 9 und 2).

Kontratyp (Abk. „KT"): Die entsprechenden Eigenschaften *(vor allem die intrinsische Motivation der jeweiligen Leidenschaft)* drücken sich bei diesem Typ tendenziell **entgegengesetzt** aus, trotzdem ist und bleibt die Grundmotivation dieselbe genauso wie bei den anderen Typen, weil sie aber (unbewusst) negiert/versteckt wird, ist sie häufig nur sehr schwer erkennbar.

kp = kontraphobisch (= ein *gegen die Angst gerichtetes entgegengesetztes, angstabwehrendes Verhalten,* welches gekennzeichnet ist durch *Demonstration von Stärke, Schönheit, Mut und Verwegenheit*), siehe Typ S 6.

Normaltyp (Abk. „NT"): Die entsprechenden Eigenschaften *(vor allem die intrinsische Motivation der jeweiligen Leidenschaft)* drücken sich bei diesem Typ **in normaler Form** aus.

SE = Selbsterhaltungsuntertyp des jeweiligen Typs, also z.B. **SE 1** ist der *selbsterhaltende Einser.*
SO = Sozialer Untertyp des jeweiligen Typs, also z.B. **SO 1** ist der *soziale Einser.*
S = Sexuell-aggressiver Untertyp des jeweiligen Typs, also z.B. **S 1** ist der *sexuell-aggressive Einser.*

Stress- und Entspannungspunkte: In dem Enneagramm-Symbol hat jeder der 9 Enneagrammpunkte zwei Verbindungslinien. Diese sind Pfeile, deren einer auf eine *„schlechte"* Entwicklung des jeweiligen Typs hinweist (= Desintegration, Devolution, Stresspunkt) und deren anderer die *„gute"* *positive Entwicklungslinie* des Enneatyps darstellt (= Integration, Evolution, Entspannungspunkt).

Triaden: Nach der enneagrammatischen Persönlichkeitstypologie verfügt jeder Mensch über drei Intelligenzzentren: **Kopf** *(Verstand/Ratio),* **Herz** *(Emotionen)* und **Bauch** *(Instinkt).* Diese Zentren nennt man auch **Triaden.** Die *Kopftriade* (= *Denk-Zentrum mit dem Kennzeichen „Angst")* umfasst die Enneagramm-Muster **5, 6** und **7,** die *Herztriade* (= *Gefühls-Zentrum mit dem Kennzeichen „Image")* die Muster **2, 3** und **4,** die *Bauchtriade* (= *Instinkt-Zentrum mit dem Kennzeichen „Aggression")* die Enneagrammpunkte **8, 9** und **1.**

Typentwicklung im Lauf des Lebens: Der jeweilige Enneatyp entwickelt sich in der *1. Lebenshälfte tendenziell mehr in Richtung seines entsprechenden Stresspunktes (erster Höhepunkt dieser Phase ist die Pubertät)* und nimmt dabei oft dessen typische Eigenschaften, auch in Form entsprechender allgemeiner Unbewusstheit dem Leben gegenüber, an. Etwa ab Beginn der *2. Lebenshälfte (ca. ab dem 35 - 45 Lebensjahr)* entwickelt sich der Mensch dann *tendenziell mehr in Richtung seines entsprechenden Entspannungspunktes (der Mensch kommt in ein gesetzteres Alter und nimmt seine in der ersten Lebenshälfte aufgebaute persönliche Identität, sein fiktives Selbst im besten Falle nicht mehr so absolut wichtig!)* und nimmt *dessen typische Qualitäten an, tendiert dann mehr in Richtung Bewusstheit und Ganzheit.* Diese Tatsache ist bei der Typbestimmung entsprechend zu berücksichtigen indem man schaut, *in welcher Phase sei-*

nes Lebens der zu typisierende Mensch sich gerade befindet. Ansonsten kann es bei der Typbestimmung schnell zu Verwechslungen und damit zu falschen Resultaten kommen.

Ü = Übersichten - Die *seitlichen Markierungen in Form von schwarzen Balken* weisen auf die inhaltlich *korrespondierenden Übersichten* am Ende des Buches (Seiten 85 - 87) hin. Die *Zahlen in den schwarzen Balken* weisen auf *die jeweiligen Seitenzahlen* hin, auf denen man die entsprechenden *Übersichten* finden kann.

Ü
84
85
86
87

Untertypen (27): Innerhalb eines Enneagramm-Musters existieren jeweils drei *sog. Untertypen*, **1. der selbsterhaltende Untertyp (Abkürzung: SE)**, der den Fokus seiner Aufmerksamkeit immer zunächst auf sich selbst und das eigene Überleben richtet, **2. der soziale Untertyp (Abkürzung: SO)**, der seinen Aufmerksamkeits-Fokus primär auf die Gemeinschaft mit anderen Menschen richtet und **3. der sexuell-aggressive oder Beziehungstyp (Abkürzung: S)**, der sich selbst immer fokussiert und definiert in Bezug auf einen Partner oder eine andere ihm vertraute Person im privaten Bereich. Jeder Mensch hat Anteile von allen drei Untertypen, aber zu unterschiedlichen prozentualen Anteilen. Meistens besitzen zwei dieser noch unterhalb des eigentlichen Enneatyps liegenden Instinktvarianten eine deutlich stärkere Dominanz im Gegensatz zum drittstärksten Instinkt, der oft erheblich weniger ausgeprägt ist. Sind die beiden ersten Untertypenausprägungen etwa gleich stark vorhanden, erschwert dies eine genaue Bestimmung des letztlich vorherrschenden primären Instinkts in der Praxis:

1. **Enneatyp 1** mit primär **selbsterhaltendem Instinkt** (*SE 1 = Normaltyp, der sog. Perfektionist*)
2. **Enneatyp 1** mit primär **sozialem Instinkt** (*SO 1 = Verstärkungstyp, der sog. Gesetzgeber*)
3. **Enneatyp 1** mit primär **sexuell-aggressivem Instinkt** (*S 1 = Kontratyp, der sog. Eroberer*)
4. **Enneatyp 2** mit primär **selbsterhaltendem Instinkt** (*SE 2 = Kontratyp, die sog. Matriarchin*)
5. **Enneatyp 2** mit primär **sozialem Instinkt** (*SO 2 = Verstärkungstyp, der sog. Diplomat*)
6. **Enneatyp 2** mit primär **sexuell-aggressivem Instinkt** (*S 2 = Normaltyp, der sog. Romantiker*)
7. **Enneatyp 3** mit primär **selbsterhaltendem Instinkt** (*SE 3 = Kontratyp, der sog. Pragmatiker*)
8. **Enneatyp 3** mit primär **sozialem Instinkt** (*SO 3 = Verstärkungstyp, der sog. Politiker*)
9. **Enneatyp 3** mit primär **sexuell-aggressivem Instinkt** (*S 3 = Normaltyp, der sog. Superstar*)
10. **Enneatyp 4** mit primär **selbsterhaltendem Instinkt** (*SE 4 = Kontratyp, der sog. Kunsthandwerker*)
11. **Enneatyp 4** mit primär **sozialem Instinkt** (*SO 4 = Verstärkungstyp, der sog. Kritiker*)
12. **Enneatyp 4** mit primär **sexuell-aggressivem Instinkt** (*S 4 = Normaltyp, der sog. Dramatiker*)
13. **Enneatyp 5** mit primär **selbsterhaltendem Instinkt** (*SE 5 = Verstärkungstyp, der sog. Sammler*)
14. **Enneatyp 5** mit primär **sozialem Instinkt** (*SO 5 = Normaltyp, der sog. Professor*)
15. **Enneatyp 5** mit primär **sexuell-aggressivem Instinkt** (*S 5 = Kontratyp, der sog. Zauberer*)
16. **Enneatyp 6** mit primär **selbsterhaltendem Instinkt** (*SE 6 = Verstärkungstyp, der sog. Familienmensch*)
17. **Enneatyp 6** mit primär **sozialem Instinkt** (*SO 6 = Normaltyp, der sog. Beschützer*)
18. **Enneatyp 6** mit primär **sexuell-aggressivem Instinkt** (*S 6 = Kontratyp, der sog. Mutige*)
19. **Enneatyp 7** mit primär **selbsterhaltendem Instinkt** (*SE 7 = Normaltyp, der sog. Genussmensch*)
20. **Enneatyp 7** mit primär **sozialem Instinkt** (*SO 7 = Kontratyp, der sog. Visionär*)
21. **Enneatyp 7** mit primär **sexuell-aggressivem Instinkt** (*S 7 = Verstärkungstyp, der sog. Gauner*)
22. **Enneatyp 8** mit primär **selbsterhaltendem Instinkt** (*SE 8 = Normaltyp, der sog. Gewichtheber*)
23. **Enneatyp 8** mit primär **sozialem Instinkt** (*SO 8 = Kontratyp, der sog. Führer*)
24. **Enneatyp 8** mit primär **sexuell-aggressivem Instinkt** (*S 8 = Verstärkungstyp, der sog. Ritter*)
25. **Enneatyp 9** mit primär **selbsterhaltendem Instinkt** (*SE 9 = Normaltyp, der sog. Bequeme*)
26. **Enneatyp 9** mit primär **sozialem Instinkt** (*SO 9 = Kontratyp, der sog. Mitarbeiter*)
27. **Enneatyp 9** mit primär **sexuell-aggressivem Instinkt** (*S 9 = Verstärkungstyp, der sog. Mystiker*)

Verstärkungstyp (Abk. „VT"): Die entsprechenden Eigenschaften *(vor allem die intrinsische Motivation der jeweiligen Leidenschaft)* drücken sich bei diesem Typ **verstärk**t aus.

Inhaltsverzeichnis

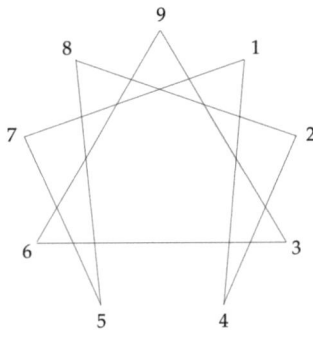

Die 27 Untertypen-Profile

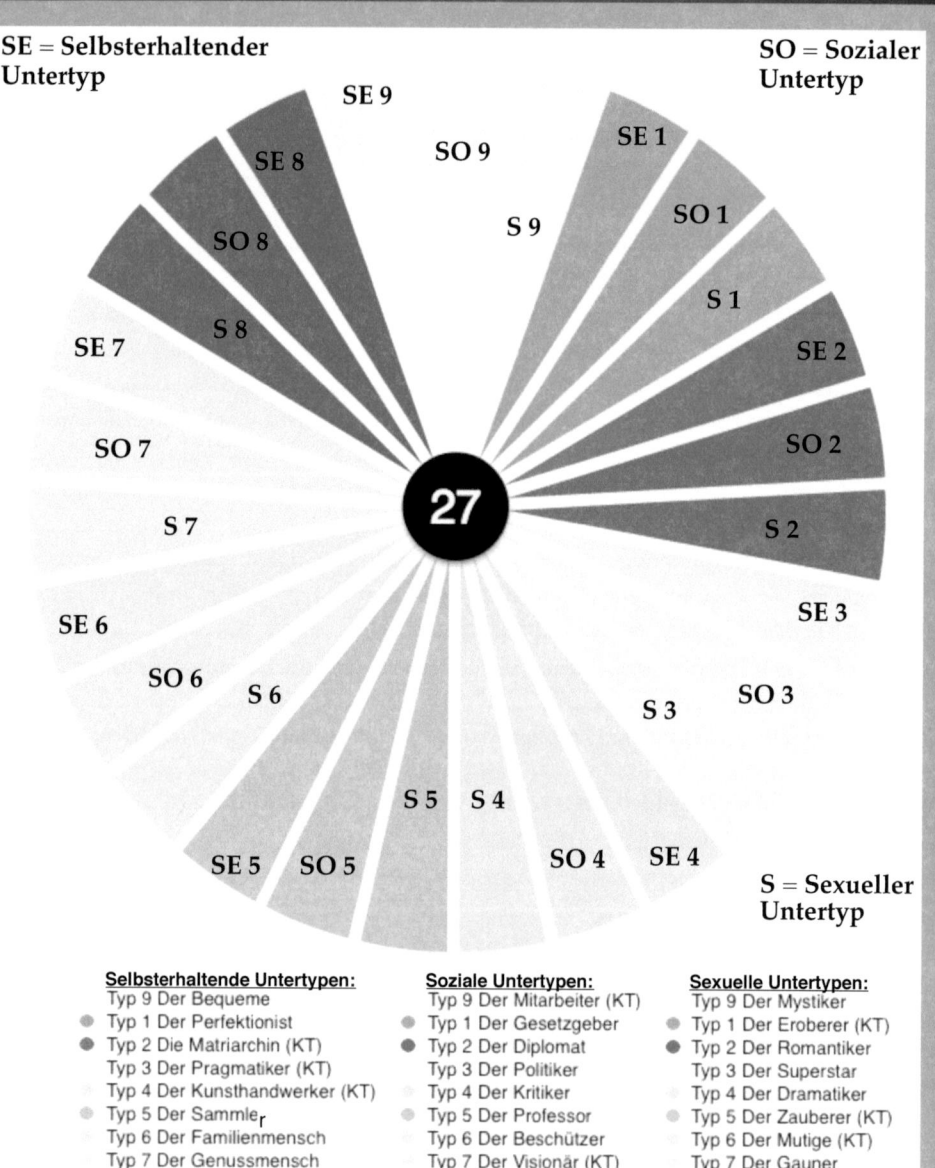

SE = Selbsterhaltender Untertyp

SO = Sozialer Untertyp

S = Sexueller Untertyp

SE 9
SE 8
SO 8
SE 7
S 8
SO 7
S 7
SE 6
SO 6
S 6
SE 5
SO 5
S 5
S 4
SO 4
SE 4
S 3
SO 3
SE 3
S 2
SO 2
SE 2
S 1
SO 1
SE 1
SO 9
S 9

27

Selbsterhaltende Untertypen:
Typ 9 Der Bequeme
Typ 1 Der Perfektionist
Typ 2 Die Matriarchin (KT)
Typ 3 Der Pragmatiker (KT)
Typ 4 Der Kunsthandwerker (KT)
Typ 5 Der Sammler
Typ 6 Der Familienmensch
Typ 7 Der Genussmensch
Typ 8 Der Gewichtheber

Soziale Untertypen:
Typ 9 Der Mitarbeiter (KT)
Typ 1 Der Gesetzgeber
Typ 2 Der Diplomat
Typ 3 Der Politiker
Typ 4 Der Kritiker
Typ 5 Der Professor
Typ 6 Der Beschützer
Typ 7 Der Visionär (KT)
Typ 8 Der Führer (KT)

Sexuelle Untertypen:
Typ 9 Der Mystiker
Typ 1 Der Eroberer (KT)
Typ 2 Der Romantiker
Typ 3 Der Superstar
Typ 4 Der Dramatiker
Typ 5 Der Zauberer (KT)
Typ 6 Der Mutige (KT)
Typ 7 Der Gauner
Typ 8 Der Ritter

(KT) = Kontratyp

Die 27 Persönlichkeiten des Enneagramms

1. Der Charakter der selbsterhaltenden Eins (Abkürzung: SE 1 - Perfektionist)

Die innere **Leidenschaft des Zorns** sowie *jegliche sonstige Formen von Vollkommenheit und (versteckten) Aggressionen* werden bei dieser Variante des Einsers hauptsächlich auf *perfektionistische Art und Weise* ausgelebt.

1.1 Beschreibungen der Selbsterhaltungs-Variante der Eins

Der (wahre) Perfektionist, der Pionier, der Selbstdisziplinierte, der Unabhängige, der Besorgte, der Tüchtige, der Genaue (Akkurate), der Gewissenhafte, der Ängstliche, der Vorsichtige, der emotional Zurückhaltende, der Angespannte, der Ernste, der (unbewusst) Verärgerte, der „warme" Einser (aufgrund seiner energetischen und emotionalen Ausstrahlung)

1.2 Hauptthemen der selbsterhaltenden Eins

Sorgen, Ängstlichkeit, Selbsterhaltung, Selbstkontrolle, Besorgnis

1.3 Darstellung der selbsterhaltenden Einser-Variante

Dieser *Untertyp der Eins* (= *Normaltyp)* macht auf den ersten Blick entweder eher einen sehr ängstlichen oder aber einen sehr selbstkontrollierten Eindruck. Oft zeigen seine Gesichtszüge einen besorgten Ausdruck. Bei dieser Besorgnis handelt es sich um einen in die Zukunft projizierten Zorn, der *SE 1* sorgt sich sozusagen vorsorglich. Alles, was sich prophylaktisch an Problemen abwenden lässt und was möglicherweise schiefgehen könnte, wird vorab in Erwägung gezogen, um zukünftiges vermeintlich schweres Unglück vermeiden zu können. Es scheint bei diesem *Untertyp der Eins* die (magische) Vorstellung zu bestehen, dass man die Besorgnis, mit den Widrigkeiten des Lebens fertigwerden zu können, besser gedanklich vorwegnimmt, bevor diese wirklich eintreten, damit sie vielleicht aufgrund rechtzeitiger eigener nachhaltiger Bemühungen gar nicht erst eintreten können. Diese Sorge um zukünftige Ereignisse erstreckt sich bei der *selbsterhaltenden Eins* auf sämtliche Lebensbereiche.

1.4 Das Energiezentrum der Selbsterhaltungs-Eins

Hier wirkt im Inneren die Energie der Leidenschaft des *(unbewussten)* Zorns, Ärgers, Grolls in Verbindung mit dem selbsterhaltenden Instinkt, also Zorn/Groll in Bezug auf die Selbsterhaltung. Zorn, Ärger, Wut und Groll mit dem instinktiven Schwerpunkt auf der Selbsterhaltung, also „selbsterhaltender Zorn", bedeutet, dass sich der permanent vorhandene verborgene innere Zorn mit dem Selbsterhaltungsinstinkt koppelt und dadurch vermehrt zur Besorgnis in Angelegenheiten der Selbsterhaltung und des Überlebens führt.

1.5 Die Angstreduktion dieses selbsterhaltenden Subtyps der Eins

Durch grüblerische Beschäftigung mit den Unvollkommenheiten des eigenen Lebens, sich Sorgen machen (*„Nur wenn mein Leben in Ordnung ist, kann ich meine Ideale verwirklichen!"*) versucht der *SE 1*, seine Angst zu vermindern.

1.6 Weitere wichtige Details zur selbsterhaltenden Eins

Ständig beschäftigt sich der *SE 1* also innerlich mit den Unvollkommenheiten des Lebens und sieht die Vollkommenheit in Angelegenheiten der Selbsterhaltung bedroht. Seine Befürchtungen hinsichtlich seines Überlebens und seiner Sicherheit münden in dem Bestreben, materiellen Wohlstand zu erreichen als eine Möglichkeit, ein guter Mensch zu sein und stets das Richtige zu tun. Es erscheint ihm wichtig, seine eigene Natur zu unterdrücken, der eigenen Natürlichkeit seine innere Ordnung aufzubürden. Heim und Familie, die Zubereitung der Nahrung etc. haben Vorrang vor anderen Bedürfnissen. Die große Aufopferungsbereitschaft dieses *Untertyps der Eins* kann allerdings physische Verspannungen und psychische Verstimmungen fördern bzw. aufrechterhalten. Es sind selbstdisziplinierte und unabhängige Arbeiter, die ihre innere Angst durch harte Arbeit überwinden. Insgesamt ist der *selbsterhaltende Einser* akkurat, genau, gewissenhaft, vorsichtig und kann nur sehr schwer seine Emotionen zeigen, entspannen oder Spaß haben. Er wird auch als der „Pionier", also als Wegbereiter oder Bahnbrecher bezeichnet, weil er in Zeiten seiner inneren Not und Sorge um die Selbsterhaltung die Dinge in Angriff nehmen kann und mit fleißigem Beispiel, konsequent, verlässlich und unermüdlich den Weg für sich und auch für seine Angehörigen bereitmacht *(gesellschaftlicher Visionär)*. Dabei ist sein innerer Zorn eine perfekte Antriebskraft, um auch scheinbar Unmögliches möglich zu machen. Er hat von allen *Einser-Untertypen* die wärmste Ausstrahlung *(sog. „warme Eins" mit warmer, menschlicher Ausstrahlung)*. Zorn und Aggression werden hauptsächlich auf perfektionistische Weise gelebt. Kennzeichnend ist immer wieder die Tendenz zu Sorgen und negativen Erwartungen, speziell in Fragen des materiellen Wohlergehens, sie erscheinen dann mitunter so unsicher wie *Typ 6* und können leicht mit diesem verwechselt werden. Ständig grübeln sie darüber nach, wie sie Fehler vermeiden können, die das Überleben gefährden. Engstirnig und pingelig sind sie stets auf Qualität bedacht und wirken auf diese Weise auf andere mitunter kleingeistig und töricht. Immer wieder, vor allem in unbewussten Phasen des Lebens, geht es um die Grundthemen Sorge, Vorausschau und *(zwanghafte)* Kontrolle. Im Mittelpunkt steht dabei regelmäßig die Sorge über das, was schiefgehen könnte, um sich und um andere, es herrscht ein *sog. nach innen gekehrter Perfektionismus*. Gerade der *selbsterhaltende Einser* ist ein wahrer Perfektionist, der besonders nach Perfektion in den alltäglichen Angelegenheiten seines Lebens strebt. Dabei sorgt er sich aber immer auch um andere *(„warm")*. Aufgrund dieser Haltung wird er manchmal auch mit *Typ 2* verwechselt, denn er besitzt eben diese besonders „warme" menschliche Ausstrahlung im Gegensatz zu seinen Untertypen-Kollegen *(SO 1, S 1)*. Doch zugleich ist er im Gegensatz zu *Typ 2* durchsetzungsfähiger und kontrollierter in seinem gesamten Selbstausdruck (ähnlich wie *Typ 6*, der auch diese „warme" Ausstrahlung besitzt, aber insgesamt schüchterner und weniger bestimmend daherkommt). Die *Selbsterhaltungs-Eins* möchte alles möglichst unter Kontrolle haben – als Ersatz für Liebe. Ihre Mottos lauten: *„Ich sorge mich, also bin ich!" „Ich bin vorausschauend, also bin ich!" „Ich kontrolliere, also bin ich!"* Hinter diesem Verhalten steckt eine große Überlebensangst, oft zögert sie aus Angst, einen Fehler zu machen, der alles kaputt machen könnte. Es sind alles in allem sensible, fürsorgliche und pragmatische Menschen.

1.7 Dynamische Beschreibung der Selbsterhaltungs-Eins

Beim *selbsterhaltungsorientierten Einser* gibt es kaum einen Moment, in dem er sich nicht um irgendetwas sorgt, z.B. um seine finanzielle Situation, seinen Job, den Zustand der Welt und die allgemeine politische Lage darin oder auch über noch so geringfügige Dinge, was er beispielsweise zum Mittagessen einkaufen soll. Veränderungen in seiner Alltagsroutine bereiten ihm große Sorgen, lösen mitunter Ängste und Befürchtungen aus. Eher würde er jahrelang eine für ihn ungeeignete oder unbefriedigende Arbeitsstelle behalten als sich der Unsicherheit auszusetzen, auf die Suche nach einem neuen, besseren Arbeitsplatz zu gehen. Immer schwebt im Hintergrund das Gefühl, dass er durch nur einen einzigen Fehler oder eine sonstige Ungenauigkeit alles kaputt machen könnte, was er sich bislang mühsam aufgebaut hat, daher müssen die Dinge möglichst richtig und rund laufen. Dabei plant er jedes wichtige Detail rechtzeitig im voraus, um seine Lebensumstände in Ordnung zu halten, zu kontrollieren, um dadurch sein Leben zu meistern. Sobald er damit aufhört, sich um sich selbst und seine für ihn typischen selbsterhaltenden Angelegenheiten Sorgen zu machen, beginnt er damit, sich Sorgen um seine Verwandten, Verbündeten und Freunde zu machen. Er fragt sich z.B. dann, ob es ihnen gerade wohl gut geht, ob bei ihnen alles in Ordnung ist etc. Er stellt sich oft vor, dass jemand ihn und alles, was er unternimmt genau prüft und tendenziell alle seine Handlungen kritisiert. Oft vergleicht er sich mit anderen, korrigiert dann an sich herum und hat ständig das ungute Gefühl, sich bei den anderen entschuldigen zu müssen. Seine in sehr unbewussten Lebensphasen oft zögerliche Haltung basiert auf diesen inneren Dialogen mit seinem ihm innewohnenden starken, ja unbarmherzigen Richter, der niemals Ruhe gibt und immer auf mögliche nicht wieder gut zu machende Fehler achtet.

2. Der Charakter der sozialen Eins (Abkürzung: SO 1 - Gesetzgeber)

Die innere **Leidenschaft des Zorns** sowie *jegliche sonstige Formen von Vollkommenheit und (versteckten) Aggressionen* werden bei dieser Variante des Einsers hauptsächlich auf *rechthaberische Art und Weise* ausgelebt.

2.1 Beschreibungen der Sozial-Variante der Eins

Der Gesetzgeber, der (soziale) Reformer, der Unflexible, der Unnachgiebige, der Unbeugsame, der Strenge, der Nicht-Angepasste, der Oberlehrer (prinzipientreuer Lehrer), der Besserwisser, der große Richter über Recht und Unrecht, der Aristokrat, die „Moralapostel", der ethische Unterstützer, der (innerlich wütende) Verärgerte, der „kalte" Einser (besitzt von allen Einser-Untertypen die kälteste energetische und emotionsloseste Ausstrahlung)

2.2 Hauptthemen der sozialen Eins

Soziale Nichtanpassung, Gefühl der Überlegenheit, Rechthaberei, nicht flexibel sein

2.3 Darstellung der sozialen Einser-Variante

Diesem *Untertyp der Eins (= Verstärkungstyp)* geht es dann gut, wenn er eine sichere soziale Rolle innehat und ihm ein klares Regelwerk zur Verfügung steht. Für gewöhnlich ist er

ziemlich freundlich und gesellig. Aber seine Betonung, die Dinge immer richtig machen zu wollen, kann es für ihn schwierig gestalten, neuen Situationen angemessen zu begegnen. Er reagiert dann häufig ärgerlich und entwickelt einen starken Hang, andere zu kritisieren, die sich aus seiner Sicht „inkorrekt" verhalten, er kann sich aufgrund seiner *sozialen Einser-Fixierung* solchen Situationen nur sehr schwer anpassen. Dieser Typ ist ein Nonkonformist, ein sozialer Reformer, der stets bereit ist, für seine moralischen und ethischen Grundsätze einzutreten und diese bis zuletzt zu verteidigen.

2.4 Das Energiezentrum der Sozial-Eins

Hier wirkt im Inneren die Energie der Leidenschaft des *(unbewussten)* Zorns, Ärgers, Grolls in Verbindung mit dem sozialen Instinkt, also Zorn/Groll in Bezug auf das soziale Miteinander. Zorn, Ärger, Wut und Groll mit dem instinktiven Schwerpunkt auf gesellschaftlichen und sozialen Angelegenheiten, also „sozialer Zorn", bedeutet, dass sich der permanent vorhandene verborgene innere Zorn mit dem sozialen Instinkt koppelt und dadurch vermehrt zur Nichtanpassung in sozialen Angelegenheiten der Gemeinschaft führt.

2.5 Die Angstreduktion dieses sozialen Subtyps der Eins

Durch Verweigerung der Anpassung an gesellschaftliche Forderungen, Nicht-Anpassung (*„Nur wenn ich von allen gesellschaftlichen Normen befreit bin, kann ich meine Ideale verwirklichen!"*) versucht der *SO 1*, seine Angst zu vermindern.

2.6 Weitere wichtige Details zur sozialen Eins

Dieser unflexibelste aller Enneagrammtypen sieht seine eigenen Vorstellungen von Vollkommenheit in sozialen Angelegenheiten dauernd bedroht. Zwar ist er stets sozial korrekt, aber eben nicht anpassungsfähig, als *Verstärkungstyp der Eins* ist er auch der rechthaberischste Typ des gesamten Enneagramms. Gern spielt und ist er der Überlegene, hat dabei eine kühle, hanseatische, ja kalte aristokratische und starre Ausstrahlung (*sog. „kalte Eins"* = aristokratisch - kalt - starr, mit kalter, emotionsloser Ausstrahlung*) und vertritt die eigenen „richtigen" Positionen hartnäckig, weil sie ihm im Vergleich zu den anderen Meinungen oft als einzig richtig erscheinen. Er besitzt auch aufgrund seiner Zugehörigkeit zum sozialen Instinkt und der damit verbundenen besonderen intellektuellen Neigung eine *sog. Lehrer-Mentalität* und in der Tat finden wir diesen *Typus der Eins* überdurchschnittlich häufig in dem Beruf des Lehrers und Pädagogen. Sie wirken nach außen hin für ihre Mitmenschen sehr vorbildlich, korrekt, gebildet und perfekt und äußern dieses auch mit einer unglaublichen (oft „oberlehrerhaft" wirkenden) Selbstverständlichkeit (*„So ist das und nicht anders, ich zeige Euch, wie es richtig ist!"*). Immer scheint nur der eigene Weg richtig, andere müssen sich verändern. Der *SO 1* hat das dringende innerliche Bedürfnis nach Überlegenheit - als Ersatz für Liebe. Seine Mottos lauten: *„Ich habe Recht, Du liegst falsch!" „Ich bin überlegen, also bin ich!" „Ich habe Recht, also bin ich!"* Hinter allem steckt ein großes Bedürfnis nach Macht über andere Menschen in ihrem sozialen Umfeld. Der große (innere) Richter über Recht und Unrecht stellt Regeln auf, hart aber fair, eisern, ernst und streng, unnachgiebig, unbeugsam, auch unter sozialem Druck. Da bleibt eine starke Tendenz zur Besserwisserei eben nicht aus und so wird bei diesem kältesten aller *Einser-Untertypen* Zorn und Aggression hauptsächlich auf rechthaberische und überlegene Weise gelebt. Kennzeichnend ist dabei noch, dass sich der *soziale Einser* hauptsächlich mit Normen, Re-

geln und Maßstäben beschäftigt und wie diese sein sollen bzw. wie man sie auf das Verhalten anderer Menschen anwendet. Es besteht eine enorme Tendenz zum Moralisieren („*Moralapostel*"). Dieser Untertyp der Eins beharrt oft unflexibel auf traditionellen Regeln, repräsentiert aber auch häufig soziale oder gesellschaftliche Maßstäbe und verteidigt sich damit psychologisch. Innerlich starr und unnahbar versachlicht er eigene Gefühle und trennt diese vom Körper, bis er sie und sich nicht mehr spürt. In seiner Körperhaltung gleicht er dann einem Menschen, der einen Stock verschluckt zu haben scheint. Häufig ist der *SO 1* über jegliche Kritik erhaben, regt sich regelmäßig über Menschen auf, die nicht in der Lage sind, sich anzupassen und wirkt in unbewussteren Phasen seines Lebens mitunter sehr abstrakt bis unmenschlich.

2.7 Dynamische Beschreibung der Sozial-Eins

Der *sozialen Einser* verteidigt das, woran er glaubt so kompromisslos, dass er sich nicht selten mit allen seinen Mitmenschen zumindest vorübergehend entzweit. Seine unflexible Art und Weise steht ihm im alltäglichen Leben und in der zwischenmenschlichen Begegnung immer wieder im Wege. Dient eine gelegentliche Anpassung allerdings aus seiner Sicht einem guten Zweck oder ist der Sache selbst dienlich, kann er sich den Gegebenheiten durchaus auch einmal anpassen, aber auch dann versäumt er es nicht, diese Anpassung als seine Position zu vertreten in der für ihn so typischen überlegenen Grundhaltung. Oft kommt es vor, dass der *SO 1* eine Sache oder einen Menschen unbedingt verändern möchte, aber statt etwas zu unternehmen, kocht er nur still vor sich hin und pflegt seinen inneren Groll. So entstehen im zwischenmenschlichen Umgang mit ihm häufig unsichtbare und doch spannungsgeladene Veränderungen in der Atmosphäre, ihn umgibt dann ein negatives Feld der Unzufriedenheit. Dabei möchte er ja mit anderen gut auskommen, aber eben nicht unter Preisgabe seiner „richtigen" Überzeugungen. So hält er an sich viel von Zusammenarbeit, aber ist auf der anderen Seite einfach nicht bereit, etwas zu tun, was seinen Prinzipien total zuwiderläuft. So hat er häufig das starke Bedürfnis, den Menschen sagen zu müssen, dass sie sich sich eben wieder einmal nicht seinen Ansprüchen gemäß verhalten haben oder sie mal wieder „leider" im Unrecht sind. Von seinen Mitmenschen wird ihm oft Sturheit, Halsstarrigkeit oder Rechthaberei vorgeworfen, doch aus seiner Sicht bildet er sich eben seine Ansichten und Meinungen erst nach reiflicher Überlegung, die dann eben auch korrekt und über allen Zweifel erhaben sind. Darüber hinaus fällt es ihm seiner Natur gemäß einfach schwer, seine festen und starren Vorstellungen einmal wirklich zu hinterfragen. Der *soziale Einser* fühlt sich von Gruppen angezogen, die seine Ideale teilen, engagiert sich dann aber schnell zu leidenschaftlich, intensiv und umfänglich, weil die anderen Beteiligten ihre Aufgaben aus seiner Sicht eben nicht korrekt genug erledigen. Das endet oft damit, dass die *soziale Eins* schließlich verstimmt, nachtragend oder gar verärgert die Gruppe verlassen muss.

3. Der Charakter der sexuellen Eins (Abkürzung: S 1 - Eroberer)

Die innere **Leidenschaft des Zorns** sowie *jegliche sonstige Formen von Vollkommenheit und (versteckten) Aggressionen* werden bei dieser Variante des Einsers hauptsächlich auf *bestimmende, impulsive, „raumfordernde" Art und Weise* ausgelebt.

17

3.1 Beschreibungen der Sexual-Variante der Eins

Der Eroberer, der Prediger, der Maßlose, der Eifersüchtige, der Besitzergreifende, der (erkennbar) Zornige, der Leidenschaftliche, der Feurige, der schnell Erregbare, der Zielgerichtete, der Manipulative, der Kühne, der Tapfere, der Argumentative, der „heiße" Einser (besitzt von allen Einser-Untertypen die heißeste energetische und emotionalste Ausstrahlung)

3.2 Hauptthemen der sexuellen Eins

Eifersucht, zorniges Begehren, schnelle Erregung, perfektionistisches Beziehungsstreben, Überzeugungskraft

3.3 Darstellung der sexuellen Einser-Variante

Dieser *Untertyp der Eins (= Kontratyp)* verfügt über ein ausgeprägtes (sexuelles) Instinkt-Zentrum, welches allerdings unter dem Regiment strenger Selbstkontrolle mit klaren Regeln und Vorschriften für korrektes Verhalten steht. Von Zeit zu Zeit führt diese Konstellation zu Ausbrüchen von Maßlosigkeit in allen möglichen Lebensbereichen. Überlebensnotwendig für diesen *Untertyp der Eins* ist der Aufmerksamkeitsschwerpunkt auf den Partner mit Vorwürfen, um durch die Projektion des inneren Grolls und des Selbsthasses auf den Partner Selbstbeschuldigungen zu vermeiden. Eifersucht gegenüber dem Partner ist ein übliches Verhaltensmuster und erstreckt sich ebenfalls auf Menschen, die scheinbar mehr Raum für ihren Selbstausdruck besitzen. Manifestiert sich Zorn im sexuellen Bereich von Beziehungen, zeigt er sich vornehmlich als Eifersucht.

3.4 Das Energiezentrum der Sexual-Eins

Hier wirkt im Inneren die Energie der Leidenschaft des *(unbewussten)* Zorns, Ärgers, Grolls in Verbindung mit dem sexuellen Instinkt, also Zorn/Groll in Bezug auf Beziehungen und Sexualität. Zorn, Ärger, Wut und Groll mit dem instinktiven Schwerpunkt auf Beziehungen und Sexualität, also „sexueller Zorn", bedeutet, dass der permanent vorhandene verborgene innere Zorn sich koppelt mit dem sexuellen Instinkt und dadurch vermehrt zur Eifersucht gegenüber dem Beziehungspartner führt. Erschwerend kommt noch hinzu, dass die *sexuell-aggressive Eins* als *Kontratyp (größtenteils unbewusst)* ständig gegen das ihr innewohnende Prinzip des Zorns, der Wut und des Ärgers ankämpft. In unmittelbaren menschlichen Beziehungen ist das Hervortreten von Zorn eben nicht sehr hilfreich für eine dauerhafte Stabilität der Beziehung und so muss gerade die *Kontra-Eins* ihren inneren Groll besonders unter Kontrolle halten, was ihr aber durch die innere Ablehnung der perfektionistischen Leidenschaft des *Einsers* eben nicht immer sehr gut gelingt. Der *beziehungsorientierte Einser* wird auch als sog. „heiße Eins" bezeichnet, denn er besitzt eine heiße, hitzige Ausstrahlung.

3.5 Die Angstreduktion dieses sexuellen Subtyps der Eins

Durch perfektionistisches Streben in den eigenen Beziehungen, durch Eifer und Eifersucht (*„Nur wenn meine persönlichen Beziehungen in Ordnung sind, kann ich meine Ideale verwirklichen!"*) versucht der S 1, seine Angst zu vermindern.

3.6 Weitere wichtige Details zur sexuellen Eins

Innerhalb von Beziehungen sieht er ständig die Vollkommenheit darin bedroht. Von seiner Persönlichkeit her ist er ein feuriger, leidenschaftlicher, schnell erregbarer Prediger mit großer Überzeugungskraft, argumentativ, eifersüchtig, manchmal manipulativ, aber auch rechtschaffen und entschlossen, zielgerichtet, tapfer und kühn. Er besitzt die heißeste emotionale Ausstrahlung von allen Einser-Untertypen (= „heiße Eins"). Zorn und Aggression werden auf bestimmte, impulsive, und oft „raumfordernde" Weise gelebt, neben ihm fehlt einem oft die Luft zum Atmen. Kennzeichnend für die *sexuelle Eins* ist, dass sie den Partner idealisiert, aber zugleich sehr hohe Erwartungen an diesen stellt. Tief im Inneren besteht die Sehnsucht nach dem perfekten Partner und wenn dieser dem Ideal nicht perfekt entspricht, reagiert der *sexueller Einser* mit eifersüchtiger Kritik und einseitigem Urteil. Im schlimmsten Fall vertreiben sie gar auf Dauer ihre Mitmenschen durch ihre permanente Kritiksucht. Mitunter besteht auch eine abhängige Tendenz zum Partner. Manchmal wirken sie melancholisch (*ungesunde Tendenz zum Enneagramm-Muster der Vier*), vor allem wenn sie befürchten, verlassen zu werden. Ihr Kritiksucht steigert sich dann paradoxerweise noch und ihre sonst gut versteckte maßlose Art kommt in solchen Phasen tieferer Unbewusstheit offen zum Vorschein. Ihr zorniges Begehren kann sich dann so weit steigern, dass man den *Kontra-Einser* leicht mit *Typ 8* verwechselt, denn man erwartet bei einem *Einser* nicht derartige direkte Äußerungen von nach außen gelebter Aggression. Der *sexuelle Einser* ist der einzige Untertyp der Eins, der seinen Zorn offen in hitziger Weise („*heiße Eins*") nach außen zeigt, äußert und leben kann. Von ihm ergreift dann die *sog. Eroberer-Mentalität* eines Feldherrn nach einem siegreichen Eroberungskrieg Besitz. Der Zorn steigert mitunter das Begehren immer mehr und in der Folge nimmt sich der *S 1* alles, weil er meint, das Recht dazu zu haben. Seine Eifersucht kann ebenfalls maßlos und völlig irrational erscheinen, auf seinen Partner wirkt er in unbewussteren Phasen seines Daseins mitunter recht besitzergreifend. Mit zunehmender Unbewusstheit will er in seinen unmittelbaren persönlichen Beziehungen andere perfekt machen, fordert und manipuliert dann ähnlich der in die Unbewusstheit gefallenen *Zwei* - als Ersatz für Liebe. Seine Mottos lauten: „*Ich verlange mein Recht, also bin ich!*" „*Ich habe Recht, also bin ich!*" Hinter allem steckt die Intensität des dringenden Verlangens, welche eine Rationalisierung fast schon notwendig macht. In der Seele der *sexuellen Eins* toben stark widersprechende innere Anteile, es sind insgesamt gesehen fordernde, aktive und dominante Menschen.

3.7 Dynamische Beschreibung der Sexual-Eins

Der *sexuell-aggressive Einser* wirkt auf seine Mitmenschen trotz seiner nach außen zur Schau gestellten Dominanz immer ein wenig unsicher, seine Eifersucht ist stark ausgeprägt, weil er alles durch die Brille eines zornigen kleinen Kindes sieht, welches ständig nicht das bekommt, was ihm aus seiner subjektiven Sicht heraus doch rechtmäßig zuzustehen scheint. Daraus resultiert dann auch die Neigung, gegenüber anderen in übertriebener Weise besitzergreifend, fordernd oder verbessernd zu sein. Er macht sich zugleich große Sorgen, dass sich die geliebten Menschen in seiner unmittelbaren Umgebung plötzlich von ihm abwenden könnten. Der Partner wird ständig kontrolliert in der großen Angst, er könne ihn wegen eines anderen Menschen verlassen, der besser oder attraktiver ist als er. Die Angst vor persönlicher Zurückweisung ist bei ihm immens. Der *sexuelle Einser* ist darüber hinaus besessen davon, sich mit anderen zu vergleichen. Sobald ein Partner oder ein

Freund etwas Positives über einen anderen Menschen sagt, reagiert der S 1 beleidigt, weil er glaubt, dass der Beziehungspartner nun meint, dass er eben nicht so gut sei in der jeweiligen Disziplin (Eifersucht). Auch wird er ziemlich wütend, wenn jemand, der es seines Erachtens eigentlich nicht verdient hat, geehrt, gelobt oder befördert wird oder sich nicht so wie er um seinen Lebenserhalt zu sorgen braucht. In regelmäßigen Abständen bricht im zwischenmenschlichen Bereich dann der Vulkan der *Kontra-Eins* aus, denn der „sexuelle Groll" hat eine elementare Kraft. Wenn er dann vor Wut, Ärger oder Eifersucht nur so schäumt, fühlt sich der *sexuelle Einser* allerdings unsicher und beschämt. Manchmal verhält er sich auch übertrieben begeistert oder anteilnehmend, um seine wahren Gefühle und Motive zu verbergen. Der *sexuelle Einser* mag die Intensität seiner Emotionen, wenn er sich voller Leidenschaft in eine Beziehung zu jemandem einlässt. Er versucht dann, seinen Partner dazu zu bringen, dass dieser seine hohen Erwartungen und Anforderungen erfüllt, damit er als Partner und das gemeinsame Leben immer noch besser und perfekter werden. Während der *selbsterhaltende Einser* primär sich selbst und seine Lebensumstände verbessern möchte und der *soziale Einser* seinen Fokus mehr auf die Verbesserung seiner sozialen Umwelt legt, richtet der *sexuelle Einser* seine Aufmerksamkeitsenergie primär auf die Verbesserung seiner Mitmenschen.

4. Der Charakter der selbsterhaltenden Zwei (Abkürzung: SE 2 - Matriarchin)

Die innere **Leidenschaft des Stolzes** sowie *jegliche sonstigen Formen von (bedingter) Liebe und des Hochmuts* werden bei dieser Variante des Zweiers hauptsächlich auf *unterstützende, nährende Art und Weise* ausgelebt.

4.1 Beschreibungen der Selbsterhaltungs-Variante der Zwei

Die Matriarchin, der liebevolle Ernährer, die Unterstützerin, der privilegierte Materialist, die „Ich zuerst-Mentalität", die Fürsorgliche, die Mütterliche, die Großzügige, die Bedürftige, die Kindliche

4.2 Hauptthemen der selbsterhaltenden Zwei

„Ich zuerst" - Mentalität, die primäre Sorge um die eigenen Bedürfnisse, das Privileg, die kindliche Verführung, das Matriarchat = Herrschaft des Weiblichen, die „Macht hinter dem Thron"

4.3 Darstellung der selbsterhaltenden Zweier-Variante

Dieser *Untertyp der Zwei (= Kontratyp)* zeichnet sich durch die Schaffung von warmen, persönlichen Beziehungen zu unterschiedlichen Menschen aus. Wegen dieser großartigen Fähigkeit und der großen Menge an Aufmerksamkeit, die er seinen Mitmenschen widmet, um sie zu unterstützen und zu nähren, kann bei ihm mit der Zeit allerdings ein Gefühl daraus erwachsen, sich benachteiligt zu fühlen, weil die eigenen Ansprüche dabei von der Umwelt nicht ausreichend anerkannt und befriedigt werden. Erkennt der *selbsterhaltende Untertyp der Zwei* dann schließlich seine eigene Bedürftigkeit, ist er plötzlich enttäuscht und fühlt sich betrogen von seinen Mitmenschen. Er sieht sich plötzlich nicht genug gesehen und denkt dann innerlich nur noch an sich selbst. Das Ganze führt zu einer stolzen Haltung anderen gegenüber, er hilft und unterstützt dann zwar weiterhin die anderen,

aber mit einer Art von falscher Bescheidenheit und einer gekünstelten Großzügigkeit sowie dem inneren Gefühl, dass man ihn nicht genug würdigt und schätzt; übersteigertes Konsumverhalten ist häufig die Folge dieses Ungleichgewichtes. Im weiteren Verlauf der Entwicklung in Richtung Unbewusstheit neigt dieser Untertyp *(unbewusst)* zu der Strategie, seine Mitmenschen emotional verhungern zu lassen. Der *selbsterhaltende Zweier* ist ein extrem fleißiger Arbeiter, denn er muss sowohl sein Tagespensum erledigen als sich auch genügend Zeit nehmen, sich um die primären Bedürfnisse seiner Mitmenschen zu kümmern. Er gibt dabei so viel von sich und seiner Zeit, dass sich in der Folge sein Stolz bemerkbar macht und er sich dabei immer wieder betrogen fühlt von seiner menschlichen Umgebung.

4.4 Das Energiezentrum der Selbsterhaltungs-Zwei

Hier wirkt im Inneren die Energie der Leidenschaft des *(unbewussten)* Stolzes und Hochmuts in Verbindung mit dem selbsterhaltenden Instinkt, also Stolz und Hochmut in Bezug auf die Selbsterhaltung. Stolz, Hochmut und falscher Überfluss (sog. *Prinzip des falschen Überflusses, der falschen Fülle)* mit dem instinktiven Schwerpunkt auf der Selbsterhaltung, also „selbsterhaltender Stolz", bedeutet, dass der permanent vorhandene verborgene innere Stolz sich mit dem Selbsterhaltungsinstinkt koppelt und dadurch vermehrt zu einer „*Ich zuerst"-Mentalität,* einer primären selbsterhaltenden Sorge nur um sich selbst führt. Erschwerend kommt noch hinzu, dass die *selbsterhaltende Zwei* als *Kontratyp* (größtenteils *unbewusst)* ständig gegen das ihr innewohnende Prinzip des Stolzes, des Hochmuts und der Selbstgefälligkeit ankämpft, was sie immer wieder in eine sehr einseitige Helfer- und Geberrolle hineinzwingt. So steht sie permanent im Spannungsfeld zwischen der Befriedigung der eigenen selbsterhaltenden Bedürfnisse und denen ihrer Mitmenschen.

4.5 Die Angstreduktion dieses selbsterhaltenden Subtyps der Zwei

Durch die primäre Sorge um die eigenen Bedürfnisse („*ich zuerst!")* („*Nur wenn ich mich selbst darum kümmere, werden meine existenziellen Bedürfnisse befriedigt!"),* durch das Gefühl, privilegiert dafür zu sein, an erster Stelle zu stehen und durch den Erwerb von Anerkennung durch seine Dienste gegenüber seinen Mitmenschen versucht der *SE 2,* seine Angst zu vermindern.

4.6 Weitere wichtige Details zur selbsterhaltenden Zwei

Im Rahmen seiner Selbsterhaltung fühlt er sich ständig bedroht, daher sorgt er sich primär um die Erfüllung der eigenen Bedürfnisse, auch wenn es nach außen oft anders wirkt, weil er durch seine Strategie, für andere da zu sein, nach außen ein Image von Bedürfnislosigkeit aufbaut. Aber indem er andere ernährt, kümmert er sich indirekt auch um seine eigenen emotionalen Bedürfnisse. Er hält sich immer ein wenig im Hintergrund, lenkt aber durch seine sich „kümmernde Art" das Geschehen von dort aus. Sehr wohl fühlen sie sich in der Position des Ratgebers. Oft meinen sie, eine Sonderstellung innezuhaben. Sie repräsentieren daher die *sog. „Macht hinter dem Thron".* Eine gute Bezeichnung für die *Selbsterhaltungs-Zwei* ist auch die der „Matriarchatin" *(Matriarchat = Herrschaft des Weiblichen)*: Sie symbolisieren das Mütterliche, sind liebevoll nährende Menschen, die sich besonders um Kinder, Kranke oder Hilflose kümmern, empfinden es mitunter aber eben als schwierig, für sich selbst um direkte Hilfe zu bitten. Insgeheim hoffen sie auf eine besondere

Behandlung durch ihre Mitmenschen, könnten das aber niemals direkt zugeben, wirken daher nach außen stark, bedürfnislos und autonom. Kennzeichnend für diesen *Subtyp der Zwei* ist ein ausgesprochenes Anspruchsdenken, welches das Gefühl vermittelt, überlegen zu sein. Oft verlangen sie unbewusst eine bevorzugte Behandlung, die ihren Stolz noch stärkt und nährt. Weil sie eben so viel für andere zu tun bereit sind, sehnen sie sich heimlich immer nach dieser besonderen Sonderstellung, denn aus ihrer Sicht haben sie diese Sonderrolle verdient, schließlich tun sie ja auch so viel für andere. Die *Kontra-Zwei* hat darüber hinaus hohe Erwartungen gegenüber anderen, im materiellen Sinne bevorzugt und verwöhnt zu werden *(sog. Vorteilsstreben)*, was auf ihre Umwelt mitunter schamlos wirkt. Sie wollen unbewusst eben all das wiederbekommen, was sie anderen gegeben haben. Häufig nehmen sie sich zu wichtig und stellen subtile Forderungen, wenn sie einem einmal geholfen haben. Zuweilen sind sie offen aggressiv, zornig und manchmal gar gewalttätig wegen ihrer starken *(negativen)* Verbindung zum Enneagramm-Muster der *Acht*. Es gilt hier der *allgemeine Grundsatz*, dass die *Kontratypen* und so auch der *Kontratyp der Zwei* aufgrund der *(unbewussten)* Negation des eigenen Enneagrammprinzips regelmäßig ihr eigenes Grundmuster verlassen und dabei in starken Pendelbewegungen schnell in ihren Stress- *(bei der Kontra-Zwei ist das der Punkt 8)*, manchmal auch in ihren Entspannungspunkt *(bei der Kontra-Zwei ist das der Punkt 4)* „ausschlagen", wobei sie dann regelmäßig die Eigenschaften dieser Punkte imitieren. Die *Kontra-Zweier* können ihre Mitmenschen auf kindliche, spielerische und humorvolle Weise „verführen", in etwa so, wie ein Kind einen Erwachsenen „verführt" und dadurch Vorteile erlangt. Der *selbsterhaltende Zweier* besitzt ein nacktes Liebesbedürfnis ohne Sexualisierung und wenig Selbstgefälligkeit im starken Kontrast zur *sexuellen Zwei*. Er zeigt seine Bedürfnisse, indem er sie wie ein Kind als total wichtig darstellt. *(sog. „kindliche Wichtigkeit")*. Auf emotionaler Ebene möchte er einfach nur geliebt werden und im Zentrum der Aufmerksamkeit seiner Lieben stehen. Schon früh hat dieser *Untertyp der Zwei* gelernt, im Zentrum des jeweils andersgeschlechtlichen Elternteils zu stehen und dabei versucht, eine infantile Liebe aufzubauen. Tiefenpsychologisch geht es dabei um die kindliche Verführung der Mutter oder des Vaters - als Ersatz für Liebe. Seine Mottos lauten: *„Ich bin niedlich und süß, also bin ich!" „Ich bin spielerisch-humorvoll, also bin ich!" „Ich bin liebenswert, also bin ich!"* Indem die *Kontra-Zwei* ihre Bedürfnisse offen zeigt und sich selbst an die 1. Position setzt, signalisiert sie auch ihre kindliche Bedürftigkeit. Kompensatorisch besteht aber auch oft ein intensives Autarkiestreben, es sind insgesamt gesehen „niedliche", sanfte, kindliche, infantile und pragmatische Menschen.

4.7 Dynamische Beschreibung der Selbsterhaltungs-Zwei

Der *selbsterhaltende Zweier* wirkt auf seine Mitmenschen immer so, als ob er der Meinung sei, alles Mögliche zu verdienen und etwas Besonderes zu sein. Wenn er zum Dank für die zahlreichen Dienste an seinem Mitmenschen keine Dankesworte, kleine Geschenke oder sonstige Zeichen von Aufmerksamkeit oder Anerkennung erhält, ist er im Innersten zutiefst gekränkt, mitunter gar wütend und emotional total enttäuscht. Gern verwöhnt er sich oft selbst und gönnt sich häufig besondere Leckereien, zuweilen geht er shoppen und belohnt sich mit kleinen Aufmerksamkeiten, gern auch mit exklusiven Reisen oder irgendeinem anderen materiellen, stolzfördernden Luxus. Sie geben oft mehr Geld aus als wirklich notwendig, aber finden dafür immer überzeugende Argumente. Bei der Partnerwahl suchen sie sich bevorzugt jemanden, der sie finanziell und/oder emotional unterstützt, am besten beides. Innerlich fühlen sie sich nämlich oft ganz klein und bedürftig wie ein Kind,

verbergen dies jedoch, indem sie sich nach außen hilfsbereit, unersetzlich und stark geben. So helfen sie auch gern ihrem Partner beim Erreichen seiner Ziele, denn das bewirkt in ihnen, sich wichtig und unentbehrlich vorzukommen. Außerdem umgehen sie dadurch das Risiko eigener Fehlschläge und Niederlagen.

5. Der Charakter der sozialen Zwei (Abkürzung: SO 2 - Diplomat)

Die innere **Leidenschaft des Stolzes** sowie *jegliche sonstigen Formen von (bedingter) Liebe und des Hochmuts* werden bei dieser Variante des Zweiers hauptsächlich auf *ehrgeizige, einflussnehmende Art und Weise* ausgelebt.

5.1 Beschreibungen der Sozial-Variante der Zwei

Der Diplomat, der Ehrgeizige, der Botschafter, der soziale „Gutmensch", der Wohlwollende, der (sozial) Raffinierte (Clevere), der Einflussnehmende

5.2 Hauptthemen der sozialen Zwei

Einflussnahme auf gesellschaftlich wichtige Personen, ehrgeiziges Streben nach Anerkennung, die „Macht auf dem Thron"

5.3 Darstellung der sozialen Zweier-Variante

Dieser *Untertyp der Zwei (= Verstärkungstyp)* speist sein Selbstwertgefühl durch soziale Anerkennung und nach außen erkennbare und anerkannte Leistungen. Die Fähigkeit der Zwei, die Bedürfnisse anderer zu erkennen und sich darauf einzustimmen, erweist sich hier als nützlich, eine wichtige, ja unabkömmliche Funktion im menschlichen Miteinander im Rahmen der Berufswelt einzunehmen. Auf diese Weise schließt die *soziale Zwei* mit den richtigen Leuten hilfreiche Bündnisse, denn das ist bedeutend wichtiger für diesen Untertyp als nur im Mittelpunkt persönlicher Aufmerksamkeit zu stehen.

5.4 Das Energiezentrum der Sozial-Zwei

Hier wirkt im Inneren die Energie der Leidenschaft des *(unbewussten)* Stolzes und Hochmuts in Verbindung mit dem sozialen Instinkt, also Stolz und Hochmut in Bezug auf das soziale Miteinander. Stolz, Hochmut und falscher Überfluss (sog. *Prinzip des falschen Überflusses, der falschen Fülle*) mit dem instinktiven Schwerpunkt auf gesellschaftliche und soziale Angelegenheiten, also „sozialer Stolz", bedeutet, dass der permanent vorhandene verborgene innere Stolz sich mit dem sozialen Instinkt koppelt und dadurch vermehrt zu sozialem Ehrgeiz führt. Es geht hier um das Bedürfnis, gesellschaftlich über den anderen zu stehen, um Einflussnahme auf gesellschaftlich wichtige Personen zu nehmen und dem dringenden Verlangen nach gesellschaftlicher Reputation Rechnung zu tragen. Hierfür kann der *SO 2* einen unglaublichen Ehrgeiz entwickeln.

5.5 Die Angstreduktion dieses sozialen Subtyps der Zwei

Durch Einflussnahme auf gesellschaftlich wichtige Personen und den Ehrgeiz, die „Macht auf dem Thron" zu sein (*„Nur wenn ich die wichtigen/mächtigen Personen für mich einnehmen*

kann, dann werden meine Bedürfnisse befriedigt!") versucht der *SO 2*, seine Angst zu vermindern.

5.6 Weitere wichtige Details zur sozialen Zwei

Durch die Entwicklung eines starken sozialen Ehrgeizes strebt die *soziale Zwei* nicht nur nach Anerkennung, sondern möchte wenn möglich auch über den anderen stehen. Sie gehen dabei aber sehr diplomatisch und raffiniert vor. Die soziale Raffinesse und Cleverness sowie die guten organisatorischen Fähigkeiten erlauben es dem *sozialen Zweier*, sich als sozialen *"Gutmenschen"* oder als gut organisierten Botschafter oder Diplomaten des Wohlwollens darzustellen. Kennzeichnend für den *sozialen Untertyp der Zwei* ist sein spezieller Ehrgeiz, besonders in der Öffentlichkeit Aufmerksamkeit zu erhalten als jemand Besonderes. Diese besondere Aufmerksamkeit wird entweder aus eigener Kraft gesucht *(durch sozial nützliche Tätigkeiten oder andere Arten der Selbstdarstellung wie ein auffälliges äußeres Erscheinungsbild, um ein Publikum an sich zu ziehen)* oder durch die Zugehörigkeit zu wichtigen bzw. mächtigen Leuten *(z.B. durch das Heiraten eines einflussreichen Ehegatten, um dadurch die eigenen ehrgeizigen Energien auf den Ehrgeiz des Ehegatten zu übertragen)*. Die *soziale Zwei* kompensiert durch entgegengebrachte gesellschaftliche oder soziale Aufmerksamkeit ihr Bedürfnis, geliebt zu werden. Eine weitere Variante dieses starken Ehrgeizes ist z.B. auch, die eigenen Kinder durch subtile manipulative Art und Weise zu Erfolgsmenschen und ehrgeizigen Leistungsträgern der Gesellschaft zu erziehen. Immer besteht der innere Drang, durch emotionale Verführung einer Gruppe, Macht und Einfluss auszuüben und am besten als Anführer der Gruppe über den anderen zu stehen. Der *SO 2* ist dabei von seiner energetischen Ausstrahlung her nicht sinnlich und wild wie z.B. seine Nachbarin, die *sexuelle Zwei*, sondern wirkt eher spießig und zivilisiert. Als *sozialer Untertyp* lebt er stark intellektuelle orientiert deutlich mehr im Kopf als die anderen beiden *Untertypen der Zwei*. Er möchte wichtig sein, um seinen ihm innewohnenden Stolz zu nähren, er ist der Verführer der Umgebung, ein Führertyp, der stets nach Höherstellung strebt – als Ersatz für Liebe. Seine Mottos lauten *"Ich bin zivilisiert, also bin ich!" "Ich bin ehrgeizig, also bin ich!" "Ich bin wichtig, also bin ich!"* Der ausgeprägte Ehrgeiz über den anderen zu stehen führt zu Einfluss und Vorteilen gegenüber anderen. Eine mögliche Variante dabei ist eben z.B. auch, den Anführer einer Gruppe zu befriedigen und damit indirekt auch den eigenen Ehrgeiz. Es sind insgesamt gesehen erwachsen wirkende, manipulierende und recht intellektuelle Menschen.

5.7 Dynamische Beschreibung der Sozial-Zwei

Der *soziale Zweier* mag es sehr, sowohl das Leben anderer Menschen als auch das soziale Miteinander zu verändern. Er nimmt gern bedeutende gesellschaftliche Aufgaben in Anspruch, in denen er eine sozial wichtige Rolle spielt, indem er entweder selbst eine leitende Position einnimmt oder doch immerhin noch die rechte Hand eines anderen mächtigen Chefs, Bosses oder Anführers ist. Dabei überkommt ihn allerdings nicht selten eine unbestimmte Angst, z.B. wenn andere ihn beobachten, denn es könnte ja sein, dass er einen Fehler macht oder andere sehen, dass ihm Kompetenzen fehlen oder auf sein verstecktes manipulatives Verhalten aufmerksam werden könnten. Innerhalb seiner hervorgehobenen sozialen Stellung in einer Gruppe strebt er nach Anerkennung für seine Warmherzigkeit, seine Freundlichkeit und nicht zuletzt auch für seine Sachkenntnis. Zustimmung erlangt er

dadurch, dass er seinen Mitmenschen charmant, ermutigend, kompetent und energiegeladen entgegentritt. Auch im privaten Bereich stellt er einen unterhaltsamen und freundlichen Gastgeber mit guten emotionalen Kompetenzen dar. Liebend gern bekommt der *soziale Zweier* Komplimente (z.B. *„Danke, das hätte ich ohne dich niemals geschafft!"*). So kann er seinen ganzen Ehrgeiz für die Interessen seines Partners oder Chefs einsetzen, aber nimmt ihnen ihren eigenen Erfolg zuweilen auch sehr übel, wenn dieser zum großen Teil auf den ehrgeizigen Bemühungen der *sozialen Zwei* beruht.

6. Der Charakter der sexuellen Zwei (Abkürzung: S 2 - Romantiker)

Die innere **Leidenschaft des Stolzes** sowie *jegliche sonstigen Formen von (bedingter) Liebe und des Hochmuts* werden bei dieser Variante des Zweiers hauptsächlich auf *verführerische bis aggressive Art und Weise* ausgelebt.

6.1 Beschreibungen der Sexual-Variante der Zwei

Der Romantiker, der Liebhaber, der leidenschaftliche Verführer, der empfängliche Aggressive, der Attraktive, der Begehrende, der Fordernde (Manipulierende) in Liebesangelegenheiten

6.2 Hauptthemen der sexuellen Zwei

Verführung, leidenschaftliches Begehren, Manipulation, die „Macht, den Throninhaber zu verführen"

6.3 Darstellung der sexuellen Zweier-Variante

Dieser *Untertyp der Zwei* (= *Normaltyp*) besitzt ein großes Maß an zwischenmenschlichem Einfühlungsvermögen und Empathie, um intensive enge Beziehungen einzugehen, indem er seinen Mitmenschen besondere Anerkennung und Aufmerksamkeit zollt, auch wenn diese nur von kurzer Dauer sein können. Sie benutzen dabei häufig eine ausgeprägte Körpersprache und auf der Gefühlsebene empfindet man häufig eine verführerische Note, die aber nicht notwendigerweise auch sexuellen Charakter haben muss. *Sexuelle Zweien* erleben die Liebe zu einem anderen als ein Dahinschmelzen eines inneren Widerstandes mit niedrigem Schmelzgrad - nach diesem „Verschmelzungs-Vorgang" wird die Beziehung oft sehr schnell langweilig für sie.

6.4 Das Energiezentrum der Sexual-Zwei

Hier wirkt im Inneren die Energie der Leidenschaft des (*unbewussten*) Stolzes und Hochmuts in Verbindung mit dem sexuellen Instinkt, also Stolz und Hochmut in Bezug auf Beziehungen und Sexualität. Stolz, Hochmut und falscher Überfluss (sog. *Prinzip des falschen Überflusses, der falschen Fülle*) mit dem instinktiven Schwerpunkt auf Beziehungen und Sexualität, also „sexueller Stolz", bedeutet, dass der permanent vorhandene verborgene innere Stolz sich mit dem sexuellen Instinkt koppelt und dadurch vermehrt zu einem von Manipulation, Verführung, Angriff, Eroberung, und Aggression geprägtem Verhalten zur Bedürfnisbefriedigung führt. Die *sexuell-aggressive Zwei* wendet Verführung, Manipulation

oder auch Aggression an, um Aufmerksamkeit zu erhalten, sehr schnell fühlt sie sich in ihren Bedürfnissen im Rahmen zwischenmenschlicher Beziehungen bedroht.

6.5 Die Angstreduktion dieses sexuellen Subtyps der Zwei

Durch Manipulation der anderen, seine Bedürfnisse zu befriedigen sowie die Verführung wichtiger Personen (*„Nur wenn ich den anderen persönlich für mich einnehmen kann, werden meine Bedürfnisse befriedigt!"*) versucht der *beziehungsorientierte Zweier*, seine Angst zu vermindern.

6.6 Weitere wichtige Details zur sexuellen Zwei

Allen *Zweiern* haftet eine sehr verführerische Art an, aber der *sexuelle Zweier* ist wohl der verführerischste Typ des gesamten Enneagramms. Er neigt ganz besonders dazu, auch auf körperlicher Ebene immer einen Kontakt zum anderen herstellen zu wollen, indem er z.B. die Hand auf oder an den anderen legt oder ihm reicht. Dieser Vorgang ist der *sexuellen Zwei* häufig gar nicht bewusst, ganz unbewusst automatisch wandert ein Teil seines Körpers in Richtung des jeweiligen Mitmenschen. Er wird auch der Romantiker genannt, weil er sich auf seine attraktive und verführerische Art häufig *„auf der Jagd"* nach neuen Eroberungen befindet, um seinem leidenschaftliches Begehren Ausdruck zu verleihen. In diesen Phasen wird er manchmal mit *Typ 4* verwechselt, dem ja bekanntlich auch dieses leidenschaftliche Temperament in Liebesdingen eigen sein kann. Doch bei der *sexuellen Zwei* hat diese Leidenschaft einen deutlich aktiveren Charakter der lebendigen Suche nach einem *„Objekt"* der Begierde oder auch der Liebe als bei der mehr passiv-verzehrenden Wesensart der *romantischen Vier*. Die *sexuelle Zwei* passt sich häufig den Bedürfnissen des Partners übermäßig an, zugleich aber zeigt sie eine fordernde und stolze Natur. Kennzeichnend für sie ist ihre Neigung, entweder im Wechsel verführerisch oder aggressiv zu handeln. Grundsätzlich ist sie aber immer auf der Suche nach einer romantischen, leidenschaftlichen Vereinigung, verwechselt dabei allerdings oft sexuelle Attraktivität mit dem wahren Gefühl von Geliebt- und Geschätztsein. So zeigt sie sich sexuell empfänglich im Interesse des anderen, Gestik und Mimik sind einladend und verführerisch. Häufig findet man eine Kombination aus Charme und Sexualität vor, mitunter ist die *sexuelle Zwei* auch aufdringlich, wenn sie in ihrem Handeln und ihren Bedürfnissen auf Widerstand stößt. Sie beginnt dann schnell mit manipulativen Handlungen und zudringlichen Forderungen, stets versucht sie trotz der Einwände des Gegenübers einen Weg zu diesem zu finden. Die *sexuelle Zwei* hat einen guten Instinkt für Machtverhältnisse und spürt sofort, wer in einer Gruppe die Macht besitzt. Dorthin wendet sie sich mit ihren naturgegebenen Verführungskünsten. Während die weiblichen *Zweien* dabei den Weg der weiblichen Verführerin beschreiten, wählen die männlichen *Zweier* den Weg des klassischen männlichen Eroberers in Liebesdingen und spielen gern den „Casanova" (*Giacomo Casanova war interessanterweise ebenfalls ein sexueller Zweier!*). In beiden Fällen, also sowohl bei Frauen als auch bei Männern geht es bei dem *S 2* darum, seinen starken inneren Gefühlen Ausdruck zu verleihen, um das leidenschaftliche Begehren zu spüren, während man den Partner emotional an sich bindet und alles von ihm erhält (*sog. „Blankoscheck"*), was begehrenswert erscheint. Dabei sind sie mitunter strategisch hilfsbereit, aber nicht ehrlich in ihrer Tiefe. Die weibliche *sexuelle Zwei* ist in Zeiten größerer Unbewusstheit eine *„Femme fatale"*, eine fordernde, stolze Liebhaberin, die einen festhält und am Ende „auffrisst", die ein tiefes inneres Bedürfnis hegt, den

Partner zu verführen. Das intensive Gefühl der Verliebtheit belebt diesen *Untertyp der Zwei* besonders stark. Manchmal passt in solchen Fällen auch das Klischee der *„dummen Blondine"* auf die Ausdrucksweise einer *sexuellen Zwei*. Nach solchen Höhenflügen kommt oft sehr bald die Kehrseite der leidenschaftlichen Liebe zum Vorschein, der frustrierte Stolz – als Ersatz für Liebe. Das Motto der *sexuellen Zwei* lautet: *„Ich verführe, also bin ich!"* Der Ausdruck von Gefühlen dient dazu, Zuneigung und Ergebenheit zu erhalten. Es sind die typischen „Naturgewalten", „wilde", erotische, aktive und recht dominante Menschen.

6.7 Dynamische Beschreibung der Sexual-Zwei

Der *sexuell-aggressive Zweier* verfolgt mitunter eisern und äußerst konsequent seine Ziele. Das gilt natürlich vor allem für das Thema „Beziehungen" *(überentwickelte Beziehungsenergie des Typs 2)*, aber durchaus auch in allen sonstigen Lebensbereichen, denn er ist von seinem Naturell genauso hartnäckig wie verführerisch. Wenn er nicht auf andere zugeht, überkommt ihn schnell die Angst, übersehen und vergessen zu werden. Daher kennt er viele kleine Tricks, um Menschen in seinen Bann zu ziehen, sie quasi *„anzulocken"*, vor allem diejenigen, die ihn gefühlsmäßig interessieren. So poliert er seine Persönlichkeit auf, wählt anziehende Kleidung, ist äußerst charmant, findet instinktiv heraus, was die anderen mögen und was nicht und lauscht aufmerksam und voller Empathie, was andere ihm mitteilen. Die *sexuelle Zwei* sehnt sich in besonderer Weise nach einer wunderbar engen Beziehung mit viel Nähe und Intimität, weiß aber zugleich immer auch schon, dass sie die Tendenz dazu hat, sich in einer solchen Beziehung schnell zu verlieren. Häufig sucht sie instinktiv Partner, die nicht gut zu ihr passen, denn das schützt sie davor, sich mit ihrer tief verborgenen Angst vor wirklicher Intimität auseinanderzusetzen. Manchmal sucht sich die *sexuell (-aggressive) Zwei* auch einen Partner, von dem sie denkt, dass sie ihn verändern, verbessern oder das Beste aus ihm herausholen kann, dann gleicht sie in gewisser Weise der *sexuellen Eins* in ihrem Bedürfnis, andere zu perfektionieren und kann so leicht mit dieser verwechselt werden. In Liebesdingen liebt der *sexuelle Zweier* die Jagd und angelt sich in unbewussteren Phasen des Lebens einfach den nächstbesten Partner. Erst nach gewisser Zeit macht der *S 2* sich dann daran, herauszufinden, ob er diesen Partner wirklich mag oder nicht. Während die *selbsterhaltende Zwei* die Macht *hinter* dem Thron darstellt und die *soziale Zwei* die Macht *auf* dem Thron verkörpert, liegt die Macht in der *sexuellen Zwei* darin, den *Inhaber des Throns zu verführen*.

7. Der Charakter der selbsterhaltenden Drei (Abkürzung: SE 3 - Pragmatiker)

Die innere **Leidenschaft der Eitelkeit** sowie *jegliche Formen des Erfolges und der (Selbst- und Fremd-) Täuschung* werden bei dieser Variante des Dreiers hauptsächlich auf *ehrgeizige, strebsame, nützliche und tugendhafte Art und Weise* ausgelebt.

7.1 Beschreibungen der Selbsterhaltungs-Variante der Drei

Der Pragmatiker, der ehrgeizige Streber, der ängstliche Materialist, der zielgerichtete Workaholic, der Tugendhafte, der am Nützlichen Orientierte, der Sicherheitsorientierte

7.2 Hauptthemen der selbsterhaltenden Drei

Die „Firma Frau oder Mann", Streben nach finanzieller Sicherheit, Tugendhaftigkeit, autonom sein

Ü

84
85
86
87

7.3 Darstellung der selbsterhaltenden Dreier-Variante

Dieser *Untertyp der Drei* (= *Kontratyp*) versucht mit allen Mitteln in seinem Leben materiellen Erfolg zu erreichen, weil nur dieser ihm das (Pseudo-) Gefühl von Sicherheit gibt. Dafür entwickelt er die Fähigkeit, sehr hart zu arbeiten, sich sehr gut darzustellen, um dadurch nach außen das passende Image eines wirtschaftlich erfolgreichen Menschen zu verkörpern. Mit seinem beachtlichen Antrieb und seiner erheblichen Energie kann dieser Untertyp erfolgreich seine Ziele vollenden, vor allem die finanzielle Sicherheit, ein schönes Haus etc. Die Gefahr liegt aber darin, dass er durch sein ständiges Bemühen, erfolgreich Sicherheiten zu schaffen, den Kontakt zu sich selbst verliert. Oft ist dieser *Kontra-Dreier* vollkommen identifiziert mit seinem Beruf und seinem wirtschaftlichen Erfolg, z.B. in seinem Unternehmen. Daher wird er auch *„die Firma (Frau oder Mann)"* genannt. Er hält sein Leben aufgrund der Dinge, die er besitzt, für gesichert. Hier ist auch das Zuhause der Besitzer von wertvollen Markenartikeln, denn auffällige und kostspielige Markenware gibt ihnen dadurch, dass sie das *(vermeintlich)* Beste besitzen, zuverlässig ein Gefühl von großer Sicherheit.

7.4 Das Energiezentrum der Selbsterhaltungs-Drei

Hier wirkt im Inneren die Energie der Leidenschaft der *(unbewussten)* Eitelkeit und der (Selbst- und Fremd-) Täuschung in Verbindung mit dem selbsterhaltenden Instinkt, also Eitelkeit und Täuschung in Bezug auf die Selbsterhaltung. Eitelkeit und Täuschung mit dem instinktiven Schwerpunkt auf der Selbsterhaltung, also „selbsterhaltende Eitelkeit", bedeutet, dass die permanent vorhandene verborgene innere Eitelkeit sich mit dem Selbsterhaltungsinstinkt koppelt und dadurch vermehrt zu einem ausgeprägten Streben nach materieller Sicherheit führt. Erschwerend kommt noch hinzu, dass die *selbsterhaltende Drei* als *Kontratyp (unbewusst)* gegen das ihr innewohnende Prinzip der Eitelkeit, der Täuschung und des falschen Scheins ankämpft. So steht die *Kontra-Drei* in einem gewissen Spannungsfeld einerseits zwischen dem starken Wunsch, materiellen Wohlstand zu erreichen und andererseits eben nicht die Instrumente der Täuschung und Eitelkeit auf dem Weg zu finanzieller Sicherheit anzuwenden, sondern lieber ein freundlicher und tugendhafter Mensch zu sein. Die menschliche Erfahrung zeigt aus Sicht dieses Untertyps leider allzu häufig, dass außerordentlicher finanzieller Reichtum oft nur „auf Kosten anderer" zu erreichen ist, als guter Mensch steht man da moralisch vor einem gewissen Dilemma. Doch letztlich überwiegt die tiefe Angst vor Armut und so überwindet die *Kontra-Drei* im Gegensatz zur *Kontra-Vier* diesen Widerspruch, indem sie mithilfe ihrer Tugendhaftigkeit letztlich doch noch zur ersehnten finanziellen Sicherheit gelangt.

7.5 Die Angstreduktion dieses selbsterhaltenden Subtyps der Drei

Durch Streben nach materieller Sicherheit und dem Gefühl, dass die Sicherheit ohne das ständige Bestreben nach wirtschaftlichem Erfolg permanent bedroht ist (*„Nur wenn ich gut für mich sorgen kann, bin ich etwas wert!"*), versucht der *SE 3*, seine Angst zu vermindern. Der Selbstwert der *Selbsterhaltungs-Drei* ist also sehr schnell in Gefahr, falls die Geschäfte nicht so florieren wie erwartet. Daher muss er ständig dafür sorgen, dass Erfolg und Sicherheit die grundlegenden Pfeiler in seinem Leben darstellen.

7.6 Weitere wichtige Details zur selbsterhaltenden Drei

Als Mensch ist dieser *Untertyp der Drei* tugendhaft, freundlich, fair, nüchtern und autonom. Er wird daher auch als „Pragmatiker" bezeichnet, der seinen Fokus immer auf das Praktische und Nützliche im Leben richtet. Manchmal wird er gar zum ehrgeizigen Streber, dem Besten seiner Klasse, der so intensiv nach materieller Sicherheit und Erfolg strebt, dass es ihm womöglich schwerfällt, sich von seiner Arbeit abzuwenden. So geht er seinen Lebensweg in aller Regel geschäftstüchtig, beruflich erfolgreich und am Nützlichen orientiert und ist immer sehr zielgerichtet in seinen Handlungen. Kennzeichnend für den *Kontra-Dreier* ist also, dass er sich vornehmlich mit dem Erwerb materieller Sicherheit als einer Möglichkeit beschäftigt, die innerlich stark empfundene Grundangst des Überlebens zu beschwichtigen. In der Tat hat der *selbsterhaltende Dreier* auch ein „gutes Händchen" für Finanzen und versteht es, sein Geld gewinnbringend zu vermehren. Manchmal kommen die *Kontra-Dreier* aus armen Verhältnissen und konzentrieren sich dann umso mehr ihr ganzes Leben auf die Anhäufung von Reichtum, machen alles richtig, damit sie genug verdienen, vor allem für die für sie wichtigen Dinge. Doch trotz des Anhäufens von großen materiellen Besitztümern haben sie weiterhin zahlreiche Verlustängste sowie Angst vor dem Tod. Die innere Unsicherheit wird sogar durch viele materielle Güter noch verstärkt, denn sie erkennen dann irgendwann, dass genügend Geld zu haben immer noch nicht genug ist, die Grundangst des Überlebens auf Dauer zu beruhigen. In diesem *Kontratyp der Drei* schlummert versteckt das allen *Dreiern* zugrundeliegende innere Prinzip der Eitelkeit. Dieses wird vom *Kontratyp der Drei* allerdings insofern negiert, dass bei ihm in gewisser Weise die Eitelkeit besteht, nicht eitel zu sein. So strahlt er nach außen eine ruhige Tugendhaftigkeit, eine gesammelte und friedliche Energie der Sicherheit und mitunter auch eine gewisse Kühnheit aus, denn dieser Typ wirkt keinesfalls schüchtern, sondern eher mutig und praktisch, weil diese Haltung dem Prinzip der Effizienz besser entspricht. Dabei wirkt er nach außen aber mehr wirksam und anständig als öffentlich brillant, so wie die *soziale Drei*. So sorgt er kontinuierlich und untadelig für sich selbst und hat auch ein großes Herz für seine Mitmenschen, denn als Angehöriger der Herztriade sucht er auch Freunde und Gleichgesinnte auf seinem materiell betonten Lebensweg. Je mehr er allerdings dem „schnöden Mammon" dient, umso mehr bleibt der *SE 3* von eigenen wesentlichen Tiefen getrennt. Der *selbsterhaltende Dreier* ist ein handlungsorientierter Macher, der sehr aktiv auch für andere sorgen kann. Mitunter kann er auch zornig werden und befehlen, wenn seine ständig unterdrückten Emotionen und seine nach außen getragene tugendhafte und vor allem bescheidene Maske einmal zu bröckeln beginnt, was allerdings äußerst selten vorkommt. Für gewöhnlich fehlt ihm der für die anderen *Dreier-Untertypen* so typische äußere Hang zur Eitelkeit. Der *Kontra-Dreier* ist ein Mensch, zu dem man gern geht, um einen Rat zu erhalten. Er bemüht sich permanent, ein guter Mensch und für andere da zu sein, wenn das auch seinen Interessen entspricht. Auf diese Weise ist er ein sehr beliebter Zeitgenosse, weil er dem perfekten Modell, wie ein Mensch zu sein hat, folgt. Durch sein einseitiges Gutsein erkauft er sich die Liebe seiner Mitmenschen - als Ersatz für Liebe. Seine Mottos lauten: *„Ich bin gut, also bin ich!" „Ich bin tugendhaft, also bin ich!" „Ich bin nicht eitel, also bin ich!" „Ich bin effizient, also bin ich!" „Ich bin bescheiden, also bin ich!" „Ich tue alles sehr gut, also bin ich!"* Durch die perfekte Effizienz täuscht sich der *Kontra-Dreier* aber eigentlich am meisten selbst. Diese Selbsttäuschung hält nämlich die Trennung von den eigenen inneren emotionalen Tiefen andauernd aufrecht. Der *selbsterhaltende Dreier* ist ingesamt gesehen

also ein autonomer, effizienter, finanzielle Sicherheit anstrebender, und pragmatischer Mensch.

7.7 Dynamische Beschreibung der Selbsterhaltungs-Drei

Für den *selbsterhaltenden Dreier* ist die finanzielle Sicherheit und Unabhängigkeit das Wichtigste in seinem Leben. Er achtet regelmäßig darauf, körperlich in Form und insgesamt gesund zu bleiben. Bei der Ausübung seiner Arbeit lernt er ständig dazu und hält sich über alle Neuigkeiten in seinem Bereich immer auf dem Laufenden, damit er seinen Karriere optimiert und seine Karriereziele dann auch sicher erreicht. Auch ist er ein sehr guter Teamarbeiter, er kann gut und vorausschauend planen. Dabei versucht er stets, mit allen gut klarzukommen und sich von sämtlichen erfolgsverhindernden Streitigkeiten und Disharmonien möglichst zu distanzieren. Nur selten kann er seine Freizeit wirklich genießen und wenn er in den Urlaub fährt, nimmt er oft auch seine Arbeit dorthin mit. Erfolg bedeutet für den *Kontra-Dreier* nicht unbedingt, dass er der Chef sein muss und im Zentrum der Aufmerksamkeit stehen möchte, denn dazu ist er von seinem Gemüt her doch zu bescheiden *(„Kontra-Eitelkeit")*. Der Mensch, mit dem er in Wahrheit konkurrieren möchte ist eigentlich er selbst. Als *Kontratyp der Drei* weniger stark auf sein äußeres Image konzentriert und auch weniger extrovertiert ist er häufig schwer als *Typ 3* zu diagnostizieren.

8. Der Charakter der sozialen Drei (Abkürzung: SO 3 - Politiker)

Die innere **Leidenschaft der Eitelkeit** sowie *jegliche Formen des Erfolges und der (Selbst- und Fremd-) Täuschung* werden bei dieser Variante des Dreiers hauptsächlich auf *prestigesüchtige Art und Weise* ausgelebt.

8.1 Beschreibungen der Sozial-Variante der Drei

Der (angesehene) Politiker, der Prestigesüchtige, der Erste unter Gleichen (Primus interpares), der Statusbewusste, der Brillante, der nach öffentlichem Ansehen Strebende

8.2 Hauptthemen der sozialen Drei

Streben nach (öffentlichem) Ansehen, Prestige, Brillieren, sozialem Erfolg, Primus interpares)

8.3 Darstellung der sozialen Dreier-Variante

Dieser *Untertyp der Drei* (= *Verstärkungstyp*) hat ein immenses Bedürfnis nach Erfolg und gewinnt es in Form von sozialer Anerkennung, die „richtigen" Leute zu kennen und dem Erreichen von Macht in sozialen Institutionen, ob nun in der Regierung, in der Politik, in der Wirtschaft oder in sonstigen Gemeinschaften. Entweder sind sie wirkliche Anführer oder es geht ihnen einfach nur um die Zunahme des eigenen Erfolgs durch werbendes Verkäuferverhalten *(Propaganda)* oder anderen Formen von Image-Pflege. Prestige in jeglicher Form ist der *sozialen Drei* besonders wichtig.

8.4 Das Energiezentrum der Sozial-Drei

Hier wirkt im Inneren die Energie der Leidenschaft der *(unbewussten)* Eitelkeit und der (Selbst - und Fremd-) Täuschung in Verbindung mit dem sozialen Instinkt, also Eitelkeit und Täuschung in Bezug auf das soziale Miteinander. Eitelkeit und Täuschung mit dem instinktiven Schwerpunkt auf gesellschaftliche und soziale Angelegenheiten, also „soziale Eitelkeit", bedeutet, dass die permanent vorhandene verborgene innere Eitelkeit sich mit dem sozialen Instinkt koppelt und dadurch vermehrt zur Prestigesucht, dem verstärkten Bedürfnis zu brillieren und zum Streben nach öffentlichem Ansehen führt.

8.5 Die Angstreduktion dieses sozialen Subtyps der Drei

Durch Streben nach öffentlichem Ansehen und Prestige *(„Nur wenn die Allgemeinheit (Öffentlichkeit) positiv auf mich reagiert, bin ich etwas wert!")* versucht der *SO 3*, seine Angst zu vermindern. Sein Selbstwert in Bezug auf die soziale Gruppe ist ständig bedroht und so möchte er für alle brillieren und strebt permanent nach sozialem Erfolg.

8.6 Weitere wichtige Details zur sozialen Drei

Er wird auch als „der Politiker" bezeichnet, weil er es wie viele Politiker sehr gut versteht, nach außen ein tadelloses Image aufzubauen und zu verkörpern. Er vermag es, *„den Eskimos Kühlschränke zu verkaufen"* und Marketing ist sein Ding. Der *soziale Dreier* ist der begabte Schöpfer eines Images, der die Öffentlichkeit liebt und gern im Rampenlicht steht. Dabei sticht er mit Vorliebe heraus als *Primus interpares (= „Erster unter Gleichen")*, also als ein Mensch, der als Mitglied einer Gruppe grundsätzlich dieselben Rechte besitzt wie jeder andere dieser Gruppe auch, aber trotzdem eine erhöhte Ehrenstellung genießt. Dabei fokussiert er sich aber nicht nur auf das Äußere, sondern auch auf inhaltliche substanzielle Werte. Kennzeichnend für die *soziale Drei* ist, dass sie oft extrem statusbewusst ist und sie ihr inneres Selbst mit den weltlichen Verdiensten verwechselt. Auszeichnungen, Anerkennungen, Statussymbole und der eigene Wert werden gemessen an ihrem Einkommen, ihrer Position, ihren Verdiensten und Ergebnissen. Sie bemüht sich um Gruppenstandards und sorgt dafür, dass sie immer die richtigen Qualifikationen erwirbt, um ein erfolgreiches Image gegenüber ihren Mitmenschen aufzubauen. Am wichtigsten ist der gesellschaftliche oder soziale Rang, den man genießt und den man in den Augen der anderen einnimmt. Die *soziale Drei* identifiziert sich oft mit Markenartikeln und einem möglichst hohen gesellschaftlichen Status. Durch bestmögliche Arbeit möchte sie für alle brillieren und Applaus erhalten, wenn nötig auch ohne besondere Ethik. Prestigesüchtig und immer auf dem Sprung lässt sie der Stress nur sehr selten los, zu groß ist ihr Bedürfnis, den sozialen Anklang aller zu erhalten. Dabei können sie listig wie ein Fuchs sein, um die notwendige Aufmerksamkeit des Publikums zu erheischen. Ein großer Teil der Werbe- und Medienbranche basiert und funktioniert auf diesem universellen Prinzip der *sozialen Drei*, die im Menschen den hier beschriebenen Ausdruck findet. Viele der in der Medienwelt Tätigen sind übrigens Angehörige des *Enneatyps der Drei* und die davon direkt im Rampenlicht stehenden häufig *soziale Dreien*. Der *soziale Untertyp der Drei* verausgabt sich in unbewussteren Phasen seines Lebens durch die einseitige Investition ins Brillieren so stark, dass es für ihn kein anderes Leben mehr gibt und Ruhm, Erfolg und Anerkennung von möglichst vielen Menschen zum unabdingbaren Lebensinhalt werden. Als *Verstärkungstyp der Drei* lebt er diese Eitelkeit in Bezug auf die soziale Anerkennung in besonders intensiver Weise. Ge-

rade für ihn besteht eine große Gefahr, nur noch dem *„schnöden Mammon"* und den materiellen Verlockungen dieser Welt dienen zu müssen für alle nur denk- und sichtbaren Statussymbole - als Ersatz für Liebe. Seine Mottos lauten: *„Ich bin erfolgreich, also bin ich!" „Ich bin anerkannt, also bin ich!"* Der *sozialen Dreier* erliegt so in unbewussten Phasen seines Lebens der pausenlosen Effizienz des Dreier-Prinzips und damit dem permanenten Leistungsstreben als Krankheit unserer Zeit. Es sind gegenüber sich selbst und anderen harte, ruhm- und prestigesüchtige, statusorientierte und intellektuelle Menschen.

8.7 Dynamische Beschreibung der Sozial-Drei

Für den *sozialen Dreier* ist typisch, dass er sehr energiegeladen, voller Ideen, extrem effizient und ein überzeugender Anführer ist. Er motiviert seine Mitmenschen, ihre Sachen gut zu machen und findet selbst immer wieder kreative Lösungen für Probleme. So erhält er leicht die Aufmerksamkeit seiner sozialen Gemeinschaft. Er ist stolz darauf, mit anderen erfolg- und einflussreichen Menschen befreundet zu sein oder zumindest viele davon zu kennen. Die Organisationen, denen er angehört, liefern ihm gute Möglichkeiten, sich noch stärker hervorzutun. Man findet ihn überdurchschnittlich häufig auch im Wettkampfsport, wo es darum geht, durch besondere Höchstleistungen soziale Anerkennung in Form von glänzenden Medaillen zu bekommen. Der *soziale Dreier* kommt in den verschiedensten Gruppen von Menschen gut zurecht, chamäleongleich passt er sich den unterschiedlichsten Gruppen an, weil er seine Persönlichkeit entsprechend verändern kann und sein Verhalten immer der jeweiligen Situation anzugleichen imstande ist. Schriftliche Anerkennung, Titel, Ehren, Prestige und das soziale Image sind ihm außerordentlich wichtig, denn es gibt für ihn nichts Schlimmeres als ein Niemand zu sein. Als intellektuellster *Dreier* und gedanklich recht zentrierter Typ konzentriert er sich sehr stark auf die Ziele und Zwecke einer jeweiligen Gruppe. Als gefühlszentrierter Typ fördert er die Harmonie innerhalb von Gruppen und Organisationen.

Ü

84
85
86
87

9. Der Charakter der sexuellen Drei (Abkürzung: S 3 - Superstar)

Die innere **Leidenschaft der Eitelkeit** sowie *jegliche Formen des Erfolges und der (Selbst- und Fremd-) Täuschung* werden bei dieser Variante des Dreiers hauptsächlich auf *attraktive, selbstdarstellerische Art und Weise* ausgelebt.

9.1 Beschreibungen der Sexual-Variante der Drei

Der Super- oder Filmstar („Moviestar"), die ideale Weiblichkeit bzw. Männlichkeit, der Blender, der Attraktive, die „bewunderte Maske"

9.2 Hauptthemen der sexuellen Drei

Weiblichkeit bzw. Männlichkeit, attraktiv sein, Selbstdarstellung der persönlichen Vorzüge, Ideal-Frau bzw. Ideal-Mann, Maske äußerer („ewiger") Schönheit

9.3 Darstellung der sexuellen Dreier-Variante

Dieser *Untertyp der Drei (= Normaltyp)* hat die besondere Fähigkeit, nach außen ein erfolgreiches Image aufzubauen und dieses permanent zu verkörpern, welches in einer starken

geschlechtlichen Identität bzw. Individualität seinen Ursprung hat. Persönliche Stärke oder Charisma beruhen für die *sexuelle Drei* darauf, besonders attraktiv zu sein als Frau oder Mann. Aber darunter in den Tiefen ihrer Seele gibt es häufig eine gewisse Verwirrung und Unsicherheit über die wirkliche, reale und authentische Sexualität. Es besteht eine starke Neigung dieses Untertyps, in der nach außen dargestellten Rolle des „begehrenswerten Stars" mit seiner perfekten geschlechtsspezifischen Ausstrahlung zu verharren, sowohl in der Öffentlichkeit als auch in persönlichen Beziehungen, dahinter steckt leider allzu oft eine innere Leere, die nicht selten durch Süchte *(oft gesellschaftlich akzeptierte Abhängigkeiten wie Alkohol, Zigaretten, zu viel Arbeit, zu viele Hobbys, zu viele Treffen mit Freunden und Bekannten etc.)* kompensiert wird. So wirkt das Verhalten dieses *Untertyps der Drei* zwar oft sehr freundlich und gewinnend, aber auch schnell oberflächlich ohne erkennbare emotionale Tiefe. Denn wenn die Täuschung und Eitelkeit in den sexuellen Instinkt einfließt, wird nach außen hin versucht, der perfekten Rolle einer Frau oder eines Mannes zu entsprechen. Es sind die perfekten Muster-Ehefrauen oder Schwiegersöhne, die es verstehen, das Image eines eigentlich nicht verbesserbaren Partners darzustellen.

9.4 Das Energiezentrum der Sexual-Drei

Hier wirkt im Inneren die Energie der Leidenschaft der *(unbewussten)* Eitelkeit und der (Selbst- und Fremd-) Täuschung in Verbindung mit dem sexuellen Instinkt, also Eitelkeit und Täuschung in Bezug auf Beziehungen und Sexualität. Eitelkeit und Täuschung mit dem instinktiven Schwerpunkt auf Beziehungen und Sexualität, also „sexuelle Eitelkeit", bedeutet, dass die permanent vorhandene verborgene innere Eitelkeit sich mit dem sexuellen Instinkt koppelt und dadurch vermehrt zum Bedürfnis führt, *einer* Person besonders zu gefallen. Auf diese Weise kommt es zum Streben nach Akzeptiertsein in Beziehungen und dem Image der Verkörperung einer perfekten Weiblichkeit bzw. Männlichkeit. Die *sexuelle Drei* verfügt also von allen Enneagrammtypen über das beste weibliche oder männliche Image und wird genau deshalb auch der „Superstar" oder der „Filmstar" genannt. Dieses Bild innerhalb von persönlichen Beziehungen ständig nach außen aufrechtzuerhalten ist auf Dauer gesehen natürlich recht anstrengend und daher ist es nicht verwunderlich, wenn die *sexuelle Drei* in Drogen verschiedenster Art wenigstens eine Zeitlang ihre Zuflucht vor der anstrengenden Welt der perfekten Selbstdarstellung sucht.

9.5 Die Angstreduktion dieses sexuellen Subtyps der Drei

Durch Streben nach Akzeptiertsein *(Zuwendung)* in Beziehungen und persönliche Zuwendung *(ideale Männlichkeit oder Weiblichkeit)* *(„Nur wenn die anderen positiv auf mich reagieren, bin ich etwas wert!")* versucht der *beziehungsorientierte Dreier*, seine Angst zu vermindern. Sein Selbstwert in Bezug auf die soziale Gruppe ist ständig bedroht und so versucht der *sexuelle Dreier* mit seinen Star-Qualitäten ständig, sein Publikum zu begeistern und damit - wenn auch oft unbewusst - zu blenden.

9.6 Weitere wichtige Details zur sexuellen Drei

Er bekommt aber mitunter Schwierigkeiten, wenn er von der Bühne abgehen muss. Lange Zeit hält die *sexuelle Drei* gegenüber sich und anderen ein *(möglichst attraktives)* aber dennoch künstliches Bild von sich aufrecht, um Nähe und Intimität zu erfahren, was naturgemäß in dieser Weise auf Dauer nicht funktioniert. Kennzeichnend ist also, dass dieser

Subtyp der Drei eine persönliche weibliche/männliche Maske aufbaut, indem er ein Image darzustellen versucht, was eine attraktive Frau bzw. ein attraktiver Mann ist. In Partnerschaften spielt die *sexuelle Drei (unbewusst)* fast dauerhaft diese Rolle, immer in der Hoffnung, Liebe und Bewunderung zu erhalten. Hierbei wird ein unnatürliches Bild kreiert, welches auf den gemeinhin gesellschaftlichen Standards der Begehrtheit und Attraktivität beruht oder aber auch auf den jeweiligen Erwartungen des Partners basiert, aber sehr wenig mit echter Vertrautheit und Intimität zu tun hat. So fühlen sie sich in unbewussteren Phasen ihres Lebens daher zunehmend nicht nur einem einzigen Partner verpflichtet und auf der ewigen Suche nach weiblicher oder männlicher Identität können sexuelle Eroberungen dann manchmal zum *(oberflächlichen)* Lebensinhalt dieses Untertyps werden. Stets geht es der *sexuellen Drei* eben darum, dem Bedürfnis, *einer* nahestehenden Person *(auch aus der Familie)* zu gefallen, wobei sie von ihrer Ausstrahlung her dabei weich, sanft, nett und geschmeidig wirkt und sich wie ein Chamäleon ihrer persönlichen Umgebung optimal anpasst. In gewisser Weise versucht sie dabei, eine persönliche Dienstleistung für den anderen bereitzustellen. Die *sexuellen Dreier* gleichen oft dem sexuellen Typ 5 oder dem Typ 4, sind aber deutlich emotionaler im zwischenmenschlichen Ausdruck. Ihre innere Traurigkeit lassen sie nach außen nicht „durchsickern", wirken daher eher fröhlich und unbeschwert an der Oberfläche *(werden deshalb manchmal auch mit Typ 7 verwechselt)*, während sie im Inneren ihre melancholischen Gefühle kontrollieren („Porzellanpuppe"). Manchmal wirken sie gar schüchtern, sind aber immer nett und zuvorkommend, entwickeln eine große Leidenschaft, für ihre Familie da und gut zu sein. Fundamental ist aber stets das Bedürfnis zu gefallen, ggfs. auch *(sexuell)* zu verführen durch Gefallen. Es gilt, die ideale Weiblichkeit/Männlichkeit zu leben, also sich in den idealen Typ von Frau oder Mann zu verwandeln, um auf dieser persönlichen Ebene Erfolg zu haben – als Ersatz für Liebe. Das über allem stehende Motto der *sexuellen Drei* lautet also: *„Ich gefalle, also bin ich!"* Mit ihrer ehrgeizigen Leistung und ihrem schönen attraktiven Glanz nach außen zieht sie magnetisch die Aufmerksamkeit aller auf sich. Es sind insgesamt gesehen innerlich oft traurige, nach außen aber freundliche, weiche, sanfte, nette, aktive und dominante Menschen.

9.7 Dynamische Beschreibung der Sexual-Drei

Für den *sexuellen Dreier* ist sehr typisch, dass er versucht, Menschen des anderen (und/ oder gleichen) Geschlechts durch seine Ausstrahlung, seinen Erfolg, seine sexuelle Attraktivität und seine innere Kraft zu beeindrucken. Beziehungsorientiert beherrscht er in perfekter Art und Weise die Kunst, attraktiv zu wirken und auch zu sein. Dabei achtet er sehr darauf, was andere ansprechend finden und kleidet sich dementsprechend vorteilhaft *(Chamäleonprinzip der Drei)*. So nimmt er immer wieder Veränderungen im Rahmen seiner Lebensumstände vor, so wie es gerade notwendig und hilfreich ist, um für seinen Partner attraktiv zu bleiben. Dabei verliert er sich aber regelmäßig selbst und trennt sich von seinem inneren Gefühl, tief mit sich selbst verbunden zu bleiben. Er möchte durch „seine tolle Beziehung" zu einem ebenfalls möglichst sehr attraktiven Partner beneidet werden. So hält der *sexuelle Dreier* bei seiner Partnerwahl Ausschau nach einem Menschen, der selbst bewundert wird und/oder ein hohes Sozialprestige genießt. Ist aber das Risiko zu hoch, dass eine Beziehung schief gehen könnte, vermeidet er es, sich um jemanden zu bemühen, denn im Inneren hat dieser *Untertyp der Drei* Angst davor, dass andere ihn zurückweisen könnten, wenn sie erst einmal erkannt haben, wie er wirklich ist unter seiner nach außen getragenen Maske der Attraktivität. Aufgrund seiner Ähnlichkeit mit dem beziehungsorientierten *Untertyp der Sechs (Kontra-Sechser), der ebenfalls einen erheblichen Wert auf äußere Schönheit und Stärke legt,* kommt es oft zu Verwechslungen zwischen diesen beiden Untertypen des Enneagramms.

10. Der Charakter der selbsterhaltenden Vier (Abkürzung: SE 4 - Kunsthandwerker)

Die innere **Leidenschaft des Neides** sowie *jegliche Formen der Individualität und der Missgunst* werden bei dieser Variante des Vierers hauptsächlich auf *unerschrockene und eine Vieles ertragende Art und Weise* ausgelebt.

10.1 Beschreibungen der Selbsterhaltungs-Variante der Vier

Der Kunsthandwerker, der kreative Individualist, der unabhängige Schöpfer, der Risikofreudige, der Furchtlose, der Unerschrockene, der Zähe

10.2 Hauptthemen der selbsterhaltenden Vier

Unerschrockenheit, Furchtlosigkeit, Leben gefährlich am Abgrund, ausgeprägter Idealismus, Zähigkeit, Bescheidenheit, „trainiert" den Schmerz

10.3 Darstellung der selbsterhaltenden Vierer-Variante

Dieser *Untertyp der Vier (= Kontratyp)* zeichnet sich durch seine Bereitschaft aus, mutig neue Dinge oder Situationen anzugehen, seine Sachen zu packen, um neu zu beginnen und auch einmal Risiken einzugehen, wenn sein selbsterhaltender Instinkt in ihm Überhand nimmt oder wenn sein Leben ihm nicht mehr authentisch erscheint. Manchmal wirkt er dann auf andere mitunter rücksichtslos, indem er ihre gut gemeinten Ratschläge zur Vorsicht in den Wind schlägt. Aber sein Leben funktioniert in aller Regel sehr gut, wenn er entsprechend seines Untertyps einen unkonventionellen, kreativen oder künstlerischen Lebensstil pflegt bzw. einschlägt. Es besteht hier untergründig eine starke Spannung zwischen dem Versuch, materielle Sicherheiten zu schaffen und dem Gefühl, losgelöst von aller Materie existieren zu können. Dieses Spannungsfeld ist typisch für die *selbsterhaltende Vier* und darin unterscheidet sie sich elementar von der *selbsterhaltenden Drei*, mit der sie aufgrund ihres Idealismus und ihrer Tugendhaftigkeit häufig verwechselt wird. Denn während die *Kontra-Drei* aufgrund ihrer Leidenschaft der Eitelkeit im Zweifel immer den Weg des materiellen und finanziellen Wohlstands geht, um nach außen hin die notwendige gesellschaftliche Anerkennung zu erhalten, entscheidet sich die *Kontra-Vier* aufgrund ihrer inneren Unerschrockenheit und ihres ausgeprägten Idealismus in ihrem Leben oft im Zweifel lieber gegen eine Karriere zugunsten des kreativen Ausdrucks, der ihr besonders wichtig erscheint und sie zu etwas Besonderem macht. Denn was nutzt ihr schon der Reichtum, wenn sie ihrer kreativen und künstlerischen Individualität keinen adäquaten Ausdruck verleihen kann? Da wählt sie im Zweifel lieber den weniger erfolgreichen, aber dafür für sie innerlich befriedigenden idealistischen Weg des *„armen Künstlers"* (idealistischer *Visionär),* denn unbewusst kann sie so wieder die für alle *Vierer* so typische Opferrolle einnehmen. Im Innersten sind die *Vierer* alle emotional verletzt, doch beim *selbsterhaltenden Vierer* kommt dieser Aspekt *(unbewusst)* auf besonders tragische Weise zum Ausdruck. So versucht er leidenschaftlich und grimmig, sich seinen Weg durch das Leben zu bahnen.

Diese besondere Art des *SE 4* wird auch als „Unerschrockenheit" bezeichnet. Manchmal erkennt man diese unerschrockene, sich behauptende Wesensart der *selbsterhaltenden Vier* in der körperlichen Auffälligkeit von etwas hervorstehenden Augen *(als ob zu viel Druck hinter den Augen sei)*, was der Blickqualität in der Tat eine unerschrockene, furchtlose und hervorstechende Qualität verleiht. Insgeheim sind sie ähnlich *Typ 8* der Auffassung, dass die normalen Regeln der Gesellschaft für sie nicht unbedingt immer gelten.

10.4 Das Energiezentrum der Selbsterhaltungs-Vier

Hier wirkt im Inneren die Energie der Leidenschaft des *(unbewussten)* Neides, der Missgunst, der Melancholie und der Trauer in Verbindung mit dem selbsterhaltenden Instinkt, also Neid, Missgunst, Melancholie und Trauer in Bezug auf die Selbsterhaltung. Neid, Missgunst und ein Gefühl des falschen Mangels (sog. *Prinzip des falschen Mangels*) mit dem instinktiven Schwerpunkt auf der Selbsterhaltung, also „selbsterhaltender Neid", bedeutet, dass der permanent vorhandene verborgene innere Neid sich mit dem Selbsterhaltungsinstinkt koppelt und dadurch vermehrt zu einem unerschrockenen Aushalten des Schmerzes am Rande des Abgrunds und zur Selbsteinschränkung führt. Erschwerend kommt noch hinzu, dass die *selbsterhaltende Vier* als *Kontratyp (unbewusst)* gegen das ihr innewohnende Prinzip des Neides, der Missgunst, der Melancholie sowie der innerlich empfundenen Trauer und emotionalen Verletzung ankämpft, was dann letztlich zu dieser für diesen Untertyp so typischen stoischen Bescheidenheit *(„Ich brauche eigentlich nichts!")* führt.

10.5 Die Angstreduktion dieses selbsterhaltenden Subtyps der Vier

Durch Aushalten *(des Schmerzes)* am Rande des Abgrunds sowie durch Zähigkeit und Durchhalten *(„Nur wenn ich stoisch alle Schwierigkeiten ertrage, bin ich ich selbst!")* versucht der *SE 4*, seine Angst zu vermindern. Dabei ist er rücksichtslos und ausdauernd auf der Jagd nach Authentizität, denn sein Gefühl, er selbst zu sein *(= Gefühl von sich selbst)* ist permanent bedroht.

10.6 Weitere wichtige Details zur selbsterhaltenden Vier

Er wird auch der „Kunsthandwerker" genannt, weil er als kreativer Individualist und unabhängiger Schöpfer oft allein arbeitet, um seine kreative Vision zu manifestieren. Als Angehöriger des selbsterhaltenden Instinkts sowie des Prinzips der Vier sieht er zudem die Notwendigkeit zu überleben eher bildhaft abstrakt als wortwörtlich. Er versteht sich primär als einzigartiger Künstler, als besonderer Mensch, dem der *„schnöde Mammon"* letztlich nicht sehr viel bedeutet. Zwar muss auch er aufgrund seines selbsterhaltenden Prinzips in materieller Hinsicht für sein Überleben sorgen, doch scheinen ihm dennoch höhere Werte deutlich erstrebenswerter als das einseitige Anhäufen materieller Güter zulasten des kreativen Selbstausdrucks. Kennzeichnend für diesen *Untertyp der Vier* ist, dass er das Risiko liebt, er erinnert darin an die *kontraphobische Sechs*. Und genauso wie diese verursacht er manchmal durch spontanes, rücksichtsloses oder ungehemmtes Verhalten zwischenmenschliche Katastrophen, in seinem Fall mit der Folge von *(dauerhaftem)* emotionalem Verlust seiner an sich doch geliebten Mitmenschen. Für Aufmerksamkeit ist ihm häufig jedes Mittel recht und so kann er in sehr unbewussten Phasen seines Lebens sogar das Bedürfnis entwickeln, andere bestrafen zu müssen oder sich selbst emotional oder auch

körperlich zu verletzen, ganz nach dem Motto: *„Wenn ich dann sterbe, wird es ihnen schon leidtun und sie werden mich dann endlich schätzen, aber dann wird es zu spät sein!"* (typische Opferhaltung der Vier!) Ferner finden wir beim *selbsterhaltenden Vierer* das Thema „Selbsteinschränkung und Abwehr": Sie tendieren dazu, sich in zwischenmenschlichen Beziehungen anzupassen und dabei sehr viel zu ertragen, um ein besserer Mensch zu werden und um Liebe zu erhalten. Dabei ertragen sie mitunter gar Gewalttaten ihrer Mitmenschen, ohne sich darüber zu beklagen. Dieses *(unbewusste)* Verlangen sehr viel auszuhalten, sehr viel Schmerz zu schlucken, basiert auf der unbewussten falsch verstandenen Annahme zu zeigen, dass sie es Wert sind, Liebe zu erhalten ganz nach dem Motto: *„Wenn ich nicht alles ertrage, liebst Du mich dann?"* Zu anderen Zeiten können sie allerdings auch als kompensatorische Ausgleichsmaßnahme plötzlich *„auf Abwehr schalten"* und sich unerschrocken dem Leben und seinen Widrigkeiten gegenüber behaupten. In Angelegenheiten der Selbsterhaltung sind sie in besonderer Weise fähig, mit wenig materiellen Gütern auszukommen, sie benötigen nicht viel und können zur Not in der Wüste überleben. Insgesamt zeichnet den *selbsterhaltenden Vierer* ein asketischer Antrieb, ein stoischer Charakter, eine starke Selbstbeherrschung und ein Hang zum (unbewussten) Masochismus aus (*„Ich werde mich anstrengen, es wert sein, geliebt zu werden, eine bessere Person zu werden!"*). So ähnelt der *Kontra-Vierer* auch seinem Entspannungspunkt der *Eins* und hat zudem viele Merkmale des *Enneagrammprinzips der Drei*, weil er durch seine Haltung zeigt, dass sein Selbstwert bedroht ist und er eigentlich nur geliebt werden möchte, genauso wie *Typ 3*. Auch wenn die *Selbsterhaltungs-Vier* ihre Gefühle im Allgemeinen genau wie *Typ 3* nicht gern nach außen manifestiert, zeigt sie umso mehr Gefühl in geschützten Räumen, z.B. während einer Therapiesitzung. Dann kommen die verdrängten ansonsten nicht gelebten Emotionen verstärkt an die Oberfläche. Im Gegensatz zu den anderen beiden *Untertypen der Vier* tritt die *selbsterhaltende Vier* nicht dramatisch oder fordernd auf. Durchhaltevermögen in allen Lebenslagen ist ihre Tugend, sie klagt nicht, sondern „trainiert" den Schmerz. Ihr Körper erinnert an einen Geist, sie bittet um nichts – als Ersatz für Liebe. Ihre Mottos lauten daher: *„Ich bin brav, also bin ich!" „Ich ertrage alles, also bin ich!" „Ich leide still, also bin ich!" „Ich werde eine bessere Person, also bin ich!"* Es sind masochistische Persönlichkeiten, die Schmerz und Leid stoisch ertragen, insgesamt gesehen also angepasste, durchhaltende, pragmatische, äußerst energiegeladene und höchst kreative Menschen.

10.7 Dynamische Beschreibung der Selbsterhaltungs-Vier

Für den *selbsterhaltenden Vierer* ist typisch, dass er aggressiv reagiert, wenn andere behaupten, sie wüssten, was er denkt, fühlt oder meint. Dennoch giert er förmlich nach emotionaler Unterstützung und sinnlichen Anreizen, damit er sich lebendig fühlt. Trotz seines selbsterhaltungsorientierten Instinkts vermeidet er die Monotonie und die Trivialität eines Lebens in einer Bedeutungslosigkeit. Geburt und Tod, Katastrophen und auch schwere Krankheiten ziehen ihn innerlich oft auf merkwürdige Weise an, er stürzt sich mitunter in gefährliche Situationen, z.B. indem er körperliche Risiken eingeht, Gesetze oder sonstige Normen und Regeln bricht, sein ganzes Vermögen riskiert, wahllos den Partner wechselt oder ähnlich der *sexuellen Zwei* (unbewusst) Beziehungen eingeht, die ihm nicht guttun. Des Weiteren kann der *Kontra-Vierer* sehr entschlossen und hartnäckig sein, wenn es darum geht, sich selbst und andere durch eine kritische Situation oder sonstige Misere zu retten. Er wehrt sich tatkräftig, wenn andere seine Ideale und Vorstellungen angreifen (*„Abwehr"*) und ihm sagen, was er zu tun oder zu lassen hat. So reagiert er aufgrund seiner starken inneren Widerstände sehr aufgebracht auf Menschen, die versuchen ihn auf irgendeine Weise ändern wollen. Dann kommt es vor, dass er darauf mit verächtlichen Bemerkungen oder gar mit gewaltigen Ausbrüchen von Zorn und Wut reagiert. Er konzentriert sich bewusst auf seine kreativen Tätigkeiten und sonstigen Angelegenheiten. Er ist imstande, alles, was um ihn herum vorgeht und auch die Sorge ums tägliche (Über-) Leben völlig zu vergessen, während er ein bestimmtes Ziel verfolgt. Darin ähnelt er seinem Nachbarn der *Drei*. Er mag es, bestimmte Gesichtspunkte einer Angelegenheit besonders herauszustellen, an die andere noch nie gedacht haben (*Streben nach Besonderheit des Typs 4*).

11. Der Charakter der sozialen Vier (Abkürzung: SO 4 - Kritiker)

Die innere **Leidenschaft des Neides** sowie *jegliche Formen der Individualität und der Missgunst* werden bei dieser Variante des Vierers hauptsächlich auf *schamvolle, kritische Art und Weise* ausgelebt.

11.1 Beschreibungen der Sozial-Variante der Vier

Der Kritiker, der Schamvolle, der kritische Kommentator, der diskriminierende Beurteiler, der sich unzulänglich Fühlende, der sich selbst Abwertende

11.2 Hauptthemen der sozialen Vier

Scham, Unzulänglichkeit, selbstabwertendes Verhalten, Selbsterniedrigung, Melancholie

11.3 Darstellung der sozialen Vierer-Variante

Dieser *Untertyp der Vier* (= *Verstärkungstyp*) empfindet ein tiefes Gefühl von Mangel und Unzulänglichkeit, welches sich immer wieder in zwischenmenschlichen Situationen zeigt, wobei schnell das Gefühl von Neid gegenüber dem Status anderer Menschen oder deren Zugehörigkeit zu bestimmten Gruppen entsteht. Der *soziale Vierer* strebt selbst nach einer akzeptierten sozialen Funktion in der Gesellschaft, am besten als emotionales Bindeglied einer sozialen Vereinigung. Es besteht hier das Bedürfnis, die Spannung zwischen der Suche nach individueller Authentizität und den Erwartungen der Gesellschaft aufzulösen. Er wirkt häufig eher desorientiert und scheint mit einem dunklen Schleier der Verwirrung durch sein Leben zu gehen. Tief innen hat die *soziale Vier* immer das Gefühl, nirgends in der Welt einen Platz zu besitzen. Die damit verbundene tiefe Scham, die sie verspürt, durchdringt sämtliche Lebensbereiche. Das Bild des tragischen Romantikers trifft die Ausstrahlung des *sozialen Vierers* besonders gut, denn als *Verstärkungstyp der Vier* steht das Gefühl, emotional einfach nicht verstanden zu werden, bei diesem *sozialen Untertyp* im Mittelpunkt seines menschlichen Seinsausdrucks.

11.4 Das Energiezentrum der Sozial-Vier

Hier wirkt im Inneren die Energie der Leidenschaft des (*unbewussten*) Neides, der Missgunst, der Melancholie und der Trauer in Verbindung mit dem sozialen Instinkt, also Neid, Missgunst, Melancholie und Trauer in Bezug auf das soziale Miteinander. Neid, Missgunst und ein Gefühl des falschen Mangels (sog. *Prinzip des falschen Mangels*) mit dem instinkti-

ven Schwerpunkt auf gesellschaftliche und soziale Angelegenheiten, also „sozialer Neid", bedeutet, dass der permanent vorhandene verborgene innere Neid sich mit dem sozialen Instinkt koppelt und dadurch vermehrt zu selbstabwertendem Vergleichen im sozialen Kontext, zur Selbsterniedrigung und zu ausgeprägten Schamgefühlen führt.

11.5 Die Angstreduktion dieses sozialen Subtyps der Vier

Durch selbstabwertendes Vergleichen im sozialen Kontext, Scham und Selbsterniedrigung (*„Nur wenn ich mich kleiner fühle als die anderen und mich selbst erniedrige, bin ich ich selbst!"*) versucht der *SO 4*, seine Angst zu vermindern. Sein Selbst ist dabei ständig bedroht in den sozialen Angelegenheiten des Lebens. Er verhält sich dabei genau entgegengesetzt zur *sexuellen Vier*, die ihre eigenen Unzulänglichkeiten auf andere Menschen projiziert und diese bewusst und unbewusst verletzt.

11.6 Weitere wichtige Details zur sozialen Vier

Der *soziale Untertyp der Vier* wird auch als der Kritiker oder der kritische Kommentator bezeichnet, weil er diese Haltung kompensatorisch einnimmt, um innerlich fertigzuwerden mit seinen eigenen Unzulänglichkeiten. So projiziert er seine selbstkritische Haltung auf seine Umgebung und gibt zuweilen kritische Kommentare ab. Da er gegenüber sozialen Maßstäben sehr empfindlich *(Scham)* ist und verstärkt empört und betont emotional auf seine Umwelt reagiert, gerät er häufig in Konflikt in Bezug auf seine Äußerungen und Meinungen, die er nach außen kundtut. Kennzeichnend für den *sozialen Vierer* ist, dass er zu Schamgefühlen tendiert, resultierend aus dem Vergleich mit sich und der „normalen" Welt um sich herum. Die Abweichung von seiner sozialen Bezugsgruppe ist ihm aufgrund seiner selbstkritischen Art schmerzlich bewusst und er schämt sich enorm für diese Abweichung. Weiterhin reagiert er sehr empfindlich auf Kritik jeglicher Art. Sein inneres Mangelgefühl wird zwar romantisierend verklärt, aber dennoch fühlt er sich schlecht in Bezug auf sich selbst und seiner tief empfundenen inneren Bedürftigkeit und Leere. *Soziale Vierer* können entweder die innerlich empfundene Scham mit nach außen gekehrtem Charme verdecken *(besonders bei einem ausgeprägten 3er-Flügel)* oder kehren sich mit ihren Schamgefühlen von der Welt ab *(besonders mit einem ausgeprägten 5er-Flügel)* und werden dann asozial. Schlimmstenfalls verfallen sie in tiefste Depressionen, wobei sie dann im Zweifel die Einsamkeit vorziehen. In Phasen größerer Unbewusstheit kommt es bei ihnen zur Selbsterniedrigung durch Vergleich, alles, um Aufmerksamkeit und Liebe zu erhalten. Aus dem starken Verlangen, sich selbst mit anderen zu vergleichen und dabei zu urteilen, dass die anderen immer besser sind, folgt in einer Art Teufelskreis die tiefe Sehnsucht, sich selbst zu erniedrigen, sich selbst zu schwächen und am Leid und Schmerz festzuhalten. All das dient dem unbewussten Verlangen, dadurch Zuwendung und Liebe zu erhalten. Die *soziale Vier* wirkt oft übermäßig traurig, ist sehr sensibel, klagt viel und ist sehr nahe am Wasser gebaut. Mit ihrer ausgeprägten Opferhaltung sabotiert sie sich selbst und schämt sich für die eigenen Wünsche. Insofern stellt sie das komplette Gegenteil der *sexuellen Vier* dar. Neidisch bewundert sie immer wieder die anderen, aber schätzt diese im Gegensatz zur *sexuellen Vier* ohne Hass. Andere erscheinen aus ihrer Sicht immer besser und so leidet die *soziale Vier* mehr als alle anderen. Mit ihrem überempfindlichen Naturell geht der Weg zum Glück oft nur durch viele Tränen, große Empörung und die starke Tendenz, sich selbst abzulehnen. Oft fühlen sie sich gegenüber ihren eigenen Eltern schuldig.

Schambesessen macht sie sich selbst klein. Vom Körper erinnert die *soziale Vier* mit ihrem meistens sehr leichten, sportlichen Körperbau an eine Gazelle. Ihre eingebildete große Scham verlangt ständig danach, gesühnt zu werden - als Ersatz für Liebe. Ihre Mottos lauten: *„Ich leide, also bin ich!" „Ich erniedrige mich selbst, also bin ich!"* Klagend trägt die *soziale Vier* das Leid der ganzen Welt auf ihren Schultern und spürt innerlich ein intensives Verlangen nach Liebe, welches niemals befriedigt werden wird. Es sind sensible, empfindsame, klagende, traurige, und intellektuelle Menschen.

11.7 Dynamische Beschreibung der Sozial-Vier

Für den *sozialen Vierer* ist also typisch, dass er sich im Sinne großer Verlegenheit immer wieder schämt, selbsterniedrigt und eine mangelnde Selbstachtung besitzt. Er schämt sich häufig, weil er seinen Vorstellungen, Ideen oder Idealen nicht genügt. Darüber hinaus findet der *SO 4* sich nicht schlau, schöpferisch oder kreativ genug und hat seiner Auffassung nach bislang eigentlich nichts Großartiges geleistet. Auch in seinen Beziehungen zum Partner oder anderen Menschen findet er einfach keine tiefe Erfüllung, oft sehnt er sich auch vergeblich nach einer liebevollen Partnerschaft, die ihn emotional erfüllen könnte. Diesem *Subtyp der Vier* kennzeichnet oft auch eine gewisse Schüchternheit und Zaghaftigkeit in den praktischen Aufgaben dieser Welt. Am liebsten würde er in Grund und Boden versinken, wenn er mal einen Fehler gemacht hat, obwohl er im Innersten ahnt, dass diese zum Leben dazugehören. Oft empfindet er sich als sozial unzulänglich oder mangelhaft und versucht dann, durch das Vortäuschen von Charme und Selbstvertrauen diesen Mangel zu kompensieren. Eine weitere Strategie kann aber durchaus auch darin bestehen, sich so klein und unauffällig wie nur möglich zu machen, um möglichst unsichtbar für andere zu sein. Darüber hinaus analysiert sich der *sozialorientierte Vierer* ständig selbst. *„Habe ich mich wirklich verständlich machen können? Habe ich mich dämlich angehört oder verhalten? War ich zu gehässig, gemein oder aggressiv? Oder vielleicht zu umgänglich, großzügig oder kompromissbereit?"* Insgeheim träumt er manchmal davon, eine hohe soziale Position und dadurch eine große gesellschaftliche Bedeutung zu erlangen, um endlich seine Mangel- und Unzulänglichkeitsgefühle loszuwerden. Alle, die ihn bislang nicht geschätzt, mitunter gar gedemütigt oder ausgelacht haben, würden dann endlich zur Rechenschaft gezogen werden können. Allgemein reagiert er nämlich auch sehr empfindlich auf Beschämungen und Geringschätzung seitens seiner Mitmenschen und nimmt fast alle Äußerungen seiner Umwelt sehr persönlich. Es verletzt ihn innerlich sehr tief, wenn er nicht gebührend gesehen und respektiert wird, spielt gern die Mimose. Manchmal redet er schlecht über sich selbst, um nicht den Neid oder die Missgunst anderer auf sich zu ziehen. Prägend für diesen *Untertyp der Vier* ist, dass er sich aufgrund des für den *Typ 4* typischen Konzeptes des falschen Mangels innerlich gerade in Bezug auf seine soziale Gruppe schämt, sich dumm oder unterlegen fühlt und dazu oft im schnellen Wechsel Neid und Missgunst in Bezug auf andere Menschen entwickelt.

12. Der Charakter der sexuellen Vier (Abkürzung: S 4 - Dramatiker)

Die innere **Leidenschaft des Neides** sowie *jegliche Formen der Individualität und der Missgunst* werden bei dieser Variante des Vierers hauptsächlich auf *dramatische, konkurrierende und mitunter zornige Art und Weise* ausgelebt.

12.1 Beschreibungen der Sexual-Variante der Vier

Der Dramatiker, die „Drama-Queen" bzw. der „Drama-King", der Gefühlsintensive, der Konkurrierende (Wettstreitende), der Rivale, der (zornig) Hassende

12.2 Hauptthemen der sexuellen Vier

Neidischer Wettbewerb, Wettstreit, Konkurrenz, Rivalität, Hass, zorniger Neid, Entwertung anderer, „verletzte Menschen verletzen Menschen"

12.3 Darstellung der sexuellen Vierer-Variante

Dieser *Untertyp der Vier (= Normaltyp)* befindet sich in einem gewissen Wettstreit oder Wettkampf mit anderen Menschen, um sein inneres Mangelgefühl zu überwinden und seine persönlichen Aufgaben und Probleme zu bewältigen. Die Kraft und Stärke anderer wird als persönliche Herausforderung gewertet und führt zu heftigen emotionalen Reaktionen seitens dieses Untertyps, denn der eigene Selbstwert scheint sich entweder zu erhöhen oder zu erniedrigen im Vergleich zu anderen Menschen. Seine Reaktionen sind häufig emotional übertrieben bis hin zur Hysterie. In seinen Liebesbeziehungen ist diese starke Rivalität besonders ausgeprägt vorzufinden, ständig steht er in Konkurrenz mit seinem Partner und sieht sich dabei immer wieder in der Gefahr, benachteiligt werden zu können.

12.4 Das Energiezentrum der Sexual-Vier

Hier wirkt im Inneren die Energie der Leidenschaft des *(unbewussten)* Neides, der Missgunst, der Melancholie und der Trauer in Verbindung mit dem sexuellen Instinkt, also Neid, Missgunst, Melancholie und Trauer in Bezug auf Beziehungen und Sexualität. Neid, Missgunst und ein Gefühl des falschen Mangels (sog. *Prinzip des falschen Mangels*) mit dem instinktiven Schwerpunkt auf Beziehungen und Sexualität, also „sexueller Neid", bedeutet, dass der permanent vorhandene verborgene innere Neid sich mit dem sexuellen Instinkt koppelt und dadurch vermehrt zum Wettbewerb *(Rivalität)* mit den beneideten anderen, zur Konkurrenz und Entwertung anderer Menschen führt.

12.5 Die Angstreduktion dieses sexuellen Subtyps der Vier

Durch starken Wettbewerb mit den *(beneideten)* anderen, durch loderndem Hass und durch Konkurrenzkampf (*„Nur wenn ich mich gegen alle Mitkonkurrenten behaupten kann, bin ich ich selbst!"*) versucht der *beziehungsorientierte Vierer*, seine Angst zu vermindern. Sein Selbst ist dabei ständig bedroht in den Angelegenheiten der Sexualität und von Beziehungen allgemein.

12.6 Weitere wichtige Details zur sexuellen Vier

Man nennt diesen *Untertypen der Vier* daher auch ganz treffend *„Drama-Queen oder -King"* oder auch einfach den *Dramatiker*. Er ist ein intensiv fühlender Mensch mit starker Neigung zur Selbst-Dramatik und -inszenierung, in höchstem Maße individualistisch mit ausgeprägtem Hang zum Wettstreit mit anderen, aber auch mit beträchtlichem künstlerischen Talent. Kennzeichnend für die *sexuelle Vier* ist, dass sie ungeheuer viel Zeit auf die persönliche Pflege und die Pflege ihres lässigen Lebensstils verwendet, man sagt, sie sei der am

besten angezogene Typ unter allen 27 Subtypen. Leidenschaftlich gern gehen die *sexuellen Vieren* einkaufen, um ihre vielen *(ästhetischen)* Bedürfnisse im vollen Umfang befriedigen zu können. In hohem Maße stehen sie in Konkurrenzkampf innerhalb enger Beziehungen, aber auch generell neigen sie schnell zu Eifersucht und möchten die einzigen wichtigen Personen im Leben ihres Partners sein. Oft sind sie auch eifersüchtig hinsichtlich vergangener Beziehungen ihres Partners, möchten eben der *einzige* Mensch für den Partner sein, den er jemals wirklich geliebt hat, vor allem, wenn sie eine starke Verbindung zum *Enneagrammpunkt 2* innehaben *(Punkt 2 ist der Stresspunkt von Enneatyp 4)*, also in Phasen großer Unbewusstheit. Neid und Eifersucht sind überhaupt die bestimmenden Größen in ihrem Leben, in Beziehungen fordern sie bedingungslose Anerkennung ihrer Einzigartigkeit. Konkurrenz und zorniger Neid, der andere entwertet, sind bestimmende Größen in ihrem Leben, um sich dadurch egoistisch zu vergrößern. Ihr Neid zeigt sich in Konkurrenz und im Rivalisieren, in einer heftigen Ausformung von Neid, der *„beißt und tötet"*. Mit neidischem Zorn klagen sie andere oft hasserfüllt an und meckern, schreien und fordern, um das Gewünschte von anderen zu erhalten. In tiefen Phasen großer Unbewusstheit dem Leben gegenüber verhalten sie sich verachtend und abwertend, sodass sie mit ihrem Zorn leicht mit einer *Acht* verwechselt werden können. Sie sind eben in jeder Hinsicht sehr extrem – als Ersatz für Liebe. Ihr Motto lautet dann: *„Ich hasse, also bin ich!"* Es gilt hier besonders der alte Spruch: *„Verletzte Menschen verletzen Menschen!"* Insgesamt betrachtet sind es zornige, aggressive, aktive, konkurrierende und dominante Menschen.

12.7 Dynamische Beschreibung der Sexual-Vier

Der *sexuell-aggressive Vierer* beneidet also seiner typischen seelischen Struktur in besonderer Weise andere Menschen, die glücklicher, erfolgreicher, erfüllter, beachtenswerter oder interessanter zu sein scheinen als er selbst, ganz besonders wenn die Talente und Begabungen der anderen seinen ähneln. Auf Beziehungsprobleme reagiert er zunächst eher mit Niedergeschlagenheit, hält seine Wut zunächst zurück, was sich aber auf Dauer auch schlagartig ändern kann. Dann bricht die Wut urplötzlich an die Oberfläche seiner Lebensäußerungen und besitzt dann einen sehr destruktiven Charakter. Er möchte, dass sein Partner die gemeinsame Beziehung als außergewöhnlich, einzigartig, besonders ausdrucksstark und intensiv erlebt und fühlt sich sehnsuchtsvoll angezogen von allem, was unerreichbar ist. So sehnt er sich immer wieder nach einer Märchenprinzessin bzw. einem Märchenprinzen, die/der ihn von den alltäglichen Widrigkeiten des Lebens befreien könnte. Der *beziehungsorientierte Vierer* bringt seinen Partner regelmäßig dazu, das er ihn *(zumindest emotional für eine Zeitlang)* alleinlässt oder ihn gar kurzfristig verlässt, damit er seine „verlorene" Liebe dann anschließend wiedererlangen kann. Dieses regelmäßig notwendige Wegstoßen und Anziehen erzeugt Schmerz, emotionale Verletzungen, Trauer und Aufregung und Erregung zugleich, erneuert immer wieder die emotionale Distanz, die der *S 4* braucht und gibt ihm auf diese Weise das Gefühl, die Situation zu beherrschen. Eigentlich hat dieser *Untertyp der Vier* im Innersten Angst vor zuviel Nähe, weil er dann befürchtet, dass sein Lebenspartner entdecken könnte, dass er eben nicht diesem hohen Ideal entspricht, welches er nach außen allerdings ständig demonstriert. Manchmal hat er das Gefühl, nicht besonders genug zu sein, um wirklich geliebt werden zu können, dass ihm die Beziehungsfähigkeit an sich fehlt und er niemals die große Liebe finden wird.

13. Der Charakter der selbsterhaltenden Fünf (Abkürzung: SE 5 - Sammler)

Die innere **Leidenschaft des Geizes** sowie *jegliche Formen des Wissens und der Habgier* werden bei dieser Variante des Fünfers hauptsächlich auf *distanzierte, weltfremde und sich zurückziehende Art und Weise* ausgelebt.

13.1 Beschreibungen der Selbsterhaltungs-Variante der Fünf

Der Sammler, der Archivar, der Burg-Verteidiger, der Weltfremde, der „My home is my castle-Typ", der Heim-Suchende

13.2 Hauptthemen der selbsterhaltenden Fünf

Das Zuhause, Heim als sicherer Rückzugsort, Zuflucht, Distanz von Menschen, Autonomie, Hamster-Mentalität

13.3 Darstellung der selbsterhaltenden Fünfer-Variante

„My home is my Castle" könnte der Wahlspruch dieses *Untertyps der Fünf (= Verstärkungstyp)* sein, denn er sucht einen Rückzugsort von der Welt, um sich dort sicher zu fühlen. Ständig plagen ihn Bedenken, ob er auch genügend vorgesorgt hat und besitzt, was dann häufig zu materiellen Anhäufungen, umfassender Vorratshaltung und allgemein zu einem Verhalten führt, was man gut mit „Hamstern" umschreiben könnte. Zugleich besteht dabei die oft für andere kaum nachvollziehbare Haltung extremer Sparsamkeit (*die Leidenschaft des Geizes liegt hier beim Verstärkungstyp in extremer Form vor*), wobei die Grenze zum Geiz häufig überschritten wird. Auf der anderen Seite kann dieser Untertyp sein Leben auch genau gegenteilig ausrichten, indem er sich ständig von einem Ort zum anderen bewegt und damit unbewusst einen *„Mangel an Zuhause"* erzeugt. Allerdings nimmt er dann häufig sein Zuhause mit je nach finanzieller Situation in Form eines Rucksacks oder eines Campingbusses. Wenn Geiz und Habsucht in den selbsterhaltenden Instinkt einfließen, wird ein sicheres Zuhause besonders wichtig und so träumt der *SE 5* häufig von einem eigenen Haus auf dem Lande oder gar in einer einsamen Naturlandschaft, möglichst abseits des menschlichen Treibens. Interessanterweise finden wir daher die *selbsterhaltende Fünf* überdurchschnittlich häufig gerade auch in dem Beruf des Architekten, dessen ureigenste Aufgabe, ein Heim für seine Kunden zu errichten, dem speziellen Prinzip dieses *Untertyps der Fünf* optimal entspricht.

13.4 Das Energiezentrum der Selbsterhaltungs-Fünf

Hier wirkt im Inneren die Energie der Leidenschaft des (*unbewussten*) Geizes und der Habsucht in Verbindung mit dem selbsterhaltenden Instinkt, also Geiz und Habsucht in Bezug auf die Selbsterhaltung. Geiz, Habsucht und ein allgemeines Mangelgefühl mit dem instinktiven Schwerpunkt auf der Selbsterhaltung, also „selbsterhaltender Geiz", bedeutet, dass der permanent vorhandene verborgene innere Geiz sich mit dem Selbsterhaltungsinstinkt koppelt und dadurch vermehrt zum Bedürfnis nach Rückzug an einen sicheren Zufluchtsort führt sowie zu einer ausgeprägten *sog. Hamster-Mentalität*. So wie der Hamster ist der *SE 5* ein Einzelgänger, der eine solitäre Lebensweise bevorzugt und nicht unbedingt die Nähe von Menschen sucht, während er in seinen *„Backentaschen"* das *„Futter"* und viele sonstige Dinge für die Selbsterhaltung hortet.

13.5 Die Angstreduktion dieses selbsterhaltenden Subtyps der Fünf

Durch Rückzug an einen sicheren Zufluchtsort, in ein Heim („*Nur wenn ich in mir und außerhalb eine verlässliche Rückzugsmöglichkeit habe, bin ich sicher!*") versucht der *SE 5*, seine Angst zu vermindern. Seine Sicherheit in Bezug auf die Selbsterhaltung ist nämlich ständig bedroht und ein sicherer Zufluchtsort, am besten eine Burg mit hohen Mauern und einem tiefen Burggraben zum Schutz vor unerwünschten Eindringlingen scheint ihm hier die Methode der Wahl zu sein.

13.6 Weitere wichtige Details zur selbsterhaltenden Fünf

Man nennt diesen *Untertyp der Fünf* auch den „Sammler" oder „Archivar", denn häufig erkennen wir diesen zurückgezogenen, oft schüchternen Zeitgenossen in dem emotional getrennten Sammler von Ideen und allen möglichen Dingen (Zeugs, Kram), der seine Schutzmauern gegenüber der Umwelt geschickt ausgebaut hat, im tatsächlichen als auch im emotionalen Sinn. So errichtet er Grenzen, um Raum für sich selbst zu bewahren, ist eigenbrötlerisch und wie alle *Fünfer* tendenziell weltfremd veranlagt. Oft ist er emotional nur noch gegenüber kleinen Kindern oder Tieren zugänglich. Er ist der am meisten emotionslose Typ des Enneagramms. Der *Selbsterhaltungs-Fünfer* verbirgt sich an seinem jeweiligen Zufluchtsort, um Distanz und Autonomie gegenüber seinen Mitmenschen zu erlangen. Es besteht geradezu eine Leidenschaft dafür, sich von anderen Menschen zu distanzieren, zu isolieren und damit autonom zu sein, indem er sich im Zweifel lieber mit seiner ganzen Person und seinem Handeln im außen zurückzieht und so den nötigen Abstand von der Welt schafft. Eine solche *Rückzugsmentalität* bedingt, im Zweifel auch innerhalb der selbsterrichteten Burg mit nur wenig auszukommen und in der Tat kommt dieser *Subtyp der Fünf* mit nur sehr wenig materiellen Gütern „über die Runden", wenn es denn sein muss und das Leben es mit sich bringt. Sein permanent empfundenes Gefühl von Mangel und seine emotionale Leidenschaft des Geizes führen innerpsychisch automatisch schon sehr schnell zum Gefühl des Verfolgtwerdens, gekoppelt mit extremer Ohnmacht. Dann fühlt er sich im Inneren zerbrechlich, klein, machtlos und angeklagt. In Bezug auf seine Mitmenschen hat er regelmäßig ein Kommunikationsproblem. Seine Mottos lauten: „*Ich distanziere mich, also bin ich!*" „*Ich bin genügsam, also bin ich*" „*Ich bin unabhängig, also bin ich!*" Sie leben also tatsächlich so einsam wie in einer Burg, gehen nicht oder nur selten heraus und besorgen sich dann alles, was sie von anderen Menschen zum notwendigen Überleben benötigen. Auf diese Weise lernen sie schon früh, mit wenig auszukommen und finden innere Sicherheit durch Rückzug von den Menschen. Ohne diese Möglichkeit des häufigen Rückzugs fühlen sie sich schnell emotional überfordert und können aufgrund ihrer typischen Seelenstruktur den Anforderungen seitens ihrer Mitmenschen schon bald nicht mehr genügen. Es sind emotional distanzierte, isolierte und pragmatische Menschen, die die Einsamkeit lieben und im Zweifel das Alleinsein bevorzugen.

13.7 Dynamische Beschreibung der Selbsterhaltungs-Fünf

Der *selbsterhaltende Fünfer* ist wohl ebenfalls der am stärksten introvertierte Typ von allen *27 Untertypen*. Er benötigt zum Leben notwendigerweise einen privaten Raum, in dem er sich gut konzentrieren kann und nicht konfrontiert wird mit den Erwartungen anderer und ihren zahllosen Anforderungen und Fragen. Andere Menschen sind aus seiner Sicht einfach zu aufdringlich, zu zwanghaft und auch zu lärmend. Der *selbsterhaltungsorientierte*

Fünfer versucht sein Leben eher schlicht und überschaubar zu halten und je mehr er Zeit mit anderen verbringt, desto mehr fühlt er sich auf dem Trockenen wie ein Fisch an Land. So bricht er häufig ein zwischenmenschliches Zusammensein vorzeitig ab mit der Begründung, er habe nun wirklich keine Zeit mehr, müsse dringend weitere Termine wahrnehmen (Zeitgeiz des *Verstärkungstyps der Fünf*). Er liebt es, wenn er einen leichten Zugang zu Büchern oder auch anderen Informationsquellen hat, zu viel Habseligkeiten zu besitzen würde ihn dagegen eher ersticken oder zumindest stark belasten. Gern spart er also sein Geld und auch seine Zeit, geht mit beiden mitunter äußerst knauserig um. Er weiß, dass er sich auf sich selbst verlassen kann und nur selten bittet er andere um Rat oder Hilfe. Aufgrund seiner extrem emotionalen Distanziertheit mag es nicht, jemanden zu besitzen, über andere Menschen zu verfügen oder von anderen Menschen in Besitz oder Beschlag genommen zu werden. In Zeiten größerer Unbewusstheit kann dieser Subtyp zum mürrischen Einsiedler und Menschenfeind werden.

14. Der Charakter der sozialen Fünf (Abkürzung: SO 5 - Professor)

Die innere **Leidenschaft des Geizes** sowie *jegliche Formen des Wissens und der Habgier* werden bei dieser Variante des Fünfers hauptsächlich auf *analytisch-theoretische und beobachtende Art und Weise* ausgelebt.

14.1 Beschreibungen der Sozial-Variante der Fünf

Der (zerstreute) Professor, der Forscher, der Wissenschaftler, der (intellektuelle) Lehrer, der Erkenntnissuchende

14.2 Hauptthemen der sozialen Fünf

Das Sinnbild (Totem), Erforschung des Außergewöhnlichen, soziale Systeme und Symbole, Rückzug in eine geistige (idealisierte) Welt, Anerkennung, Hierarchie

14.3 Darstellung der sozialen Fünfer-Variante

Dieser *Untertyp der Fünf (= Normaltyp)* hat einen ausgeprägten Hunger nach Wissen und Erkenntnis, häufig besteht ein starkes Bedürfnis, die Geheimnisse dieser Welt, die gesellschaftlichen Sinnbilder sowie die Sprache der Gesellschaft oder einzelner Gruppen zu erforschen. Zugleich besteht bei diesem *Untertyp der Fünf* eine Überbetonung von Analyse und Interpretation, die ihn häufig in der Rolle des reinen Beobachters und intellektuellen Lehrers verharren lässt, der ein wenig abgehoben und weltfern wirkt.

14.4 Das Energiezentrum der Sozial-Fünf

Hier wirkt im Inneren die Energie der Leidenschaft des *(unbewussten)* Geizes und der Habsucht in Verbindung mit dem sozialen Instinkt, also Geiz und Habsucht in Bezug auf das soziale Miteinander. Geiz, Habsucht und ein allgemeines Mangelgefühl mit dem instinktiven Schwerpunkt auf gesellschaftliche und soziale Angelegenheiten, also „sozialer Geiz", bedeutet, dass der permanent vorhandene verborgene innere Geiz sich mit dem sozialen Instinkt koppelt und dadurch vermehrt zu dem Bedürfnis nach Rückzug in eine *(idealisierte)* geistige Welt führt und dem Bedürfnis nach Beschäftigung mit dem Außergewöhnli-

chen, dem *sog. Totem*, einem Symbol, Stammeszeichen, Heiligtum oder Repräsentant des Göttlichen. Es geht bei diesem *Subtyp der Fünf* häufig darum, Menschen und Dinge zu diesem Totem zu machen.

14.5 Die Angstreduktion dieses sozialen Subtyps der Fünf

Durch Rückzug in eine *(idealisierte)* geistige Welt *(„Nur wenn ich mit meinen Bestrebungen in einem höheren Sinn aufgehen kann, bin ich sicher!")* versucht der *SO 5*, seine Angst zu vermindern. So sucht er in seiner für ihn typisch abgehobenen Wesensart nach sozialen Symbolen und Systemen, damit die Sicherheit in sozialen Angelegenheiten nicht bedroht ist.

14.6 Weitere wichtige Details zur sozialen Fünf

Man nennt diesen *Untertyp der Fünf* auch den „Professor", denn er ist der Erforscher von Neuem und Merkwürdigem, ein Lehrer mit ungewöhnlichen, ja mitunter merkwürdigen Einsichten, der dadurch soziale Anerkennung genießt. Diese benutzt er aber häufig genau dazu, wahre Nähe und Intimität abzuwehren oder zu vermeiden. Der *soziale Fünfer* verbindet sich oft mit sozialen Gruppen von Gleichgesinnten und teilt dort gemeinsame Interessen, tauscht Wissen mit anderen aus und fühlt sich dadurch anderen Menschen zugehörig. Dabei bevorzugt er Spezialwissen, was ihn mit seiner Gruppe vom Rest der Menschheit unterscheidet und abgrenzt. In Reinkultur finden wir diesen Untertyp im Beruf des oft im Elfenbeinturm sitzenden etwas abgehobenen Universitätsprofessors. Es sind Menschen, die gern ein damit verbundenes elitäres Selbstgefühl aufbauen, manchmal leben sie in *sog. „besserer Gesellschaft"* oder kennen die *„richtigen Leute"*, gehören dann den *„besten Organisationen"* an, so wie wir sie häufig an Universitäten oder auch in sonstigen akademischen Berufen antreffen. Bildungselitäre *Fünfer* kommunizieren dann in gehobener Fachsprache, die nur wenige Menschen verstehen können. Obwohl an sich sehr freundlich und offen, neigt der *soziale Fünfer* jedoch auch zumindest von Zeit zu Zeit besonders zu Arroganz und Snobismus. Die Mitgliedschaft in einer elitären Gruppe, das Tragen von Titeln oder akademischen Graden, Zeugnissen oder sonstigen wissenschaftlichen oder gesellschaftlichen Anerkennungen können Hinweise auf diesen *Untertyp der Fünf* sein. Im Zentrum des Handelns steht immer in irgendeiner Weise, das Außergewöhnliche, Ultimative, Letztgültige zu finden anstelle des Gewöhnlichen, welches der *sozialen Fünf* häufig sinnlos erscheint. Indem sie Menschen und Dinge in wissenschaftlicher Manier zu Totems (Repräsentanten des wirklichen Lebens) macht, kommt es zu einer ausgeprägten und intellektuell überbetonten *sog. „Super-Idealisierung"*. Der intellektuell abgehobene neugierige Wissenschaftler sucht das Interessante jenseits dieser Welt und besitzt manchmal gar eine Leidenschaft für das Magische. Er bevorzugt Beziehungen zu den hervorragendsten Menschen und ist sozial deutlich offener als die anderen *beiden Untertypen der Fünf*. Seine Mottos lauten: *„Ich denke, also bin ich!", „Ich idealisiere, also bin ich!"; Ich interessiere mich, also bin ich!"* Weltliche Belange erscheinen ihm nicht wirklich erstrebenswert, er präferiert die Kommunikation über ein spezielles und abstraktes Thema, das möglichst wenig mit realer menschlicher Beziehung zu tun hat. Es sind lebensferne, abgehobene und neben dem *sozialen Sechser* wohl die intellektuellsten Menschen von allen Enneagramm-Untertypen.

14.7 Dynamische Beschreibung der Sozial-Fünf

Der *soziale Fünfer* arbeitet lieber in einer flexiblen, nicht fest strukturierten Weise und setzt sich gern seine eigenen Ziele und Herausforderungen. Er schätzt es, entweder selbständig zu arbeiten oder einen geschützten und gesicherten Platz in der Hierarchie eines Unternehmens, einer Universität oder einer sonstigen Einrichtung einzunehmen, in der er relativ unabhängig, selbständig und autark arbeiten kann. Gesetze, Normen, Regeln und sonstige Bestimmungen empfindet er häufig als sehr belastend und Hindernisse auf seinem Weg, er findet diese einfach nur fürchterlich, grauenhaft und absolut deplatziert, weil sie seines Erachtens seinen Hang zum selbständigen Handeln einschränken. Der *sozialorientierte Fünfer* mag es, wenn er hochqualifizierte *(oft geistige)* Arbeit leisten kann und er mag es ebenso, dafür von Menschen, die ihm wichtig sind, anerkannt zu werden. Normalerweise aber fordert er diese Anerkennung von seinen Mitmenschen nicht ausdrücklich, es reicht ihm vollkommen aus, wenn er sie subtil bei anderen wahrnimmt. Für gewöhnlich geht er gern zu Orten, an denen sich Menschen begegnen, um dort auf interessante Menschen zu treffen und neue Informationen zu erhalten. Doch manchmal meidet er derartige Meetings und organisierte Zusammenkünfte von Menschen auch gänzlich und zieht sich zu Studienzwecken lieber irgendwo zurück. Ist er also mehr extrovertiert, schätzt dieser *Fünfer* offene Anerkennung und Lob für seine theoretischen Ideen und Beiträge. Neigt er hingegen mehr zur Introvertiertheit, ist er meist damit zufrieden, dass man weiß, was er leistet und dass man ihn dafür einfach nur wertschätzt und respektiert. Öffentliche Lobeshymnen bringen den introvertierten *sozialen Fünfer* somit eher in Verlegenheit, denn seine 5er-Mentalität des Rückzuges lässt zu viel Öffentlichkeit eben auch beim *Normaltyp der Fünf* nicht zu. Allgemein liebt der *soziale Fünfer* es, Informationen zu sammeln, um damit sein Bedürfnis nach geistiger Tätigkeit zu befriedigen. Stets ist er voller Neugier und Wissensdurst dafür, was die Experten in seinem Fachgebiet und in anderen für ihn interessanten Bereichen zu sagen haben.

15. Der Charakter der sexuellen Fünf (Abkürzung: S 5 - Zauberer)

Die innere **Leidenschaft des Geizes** sowie *jegliche Formen des Wissens und der Habgier* werden bei dieser Variante des Fünfers hauptsächlich auf *scheu-verletzliche, verborgen-emotionale Art und Weise* ausgelebt.

Ü
84
85
86
87

15.1 Beschreibungen der Sexual-Variante der Fünf

Der Zauberer, der Geheimnisträger, der Geheimagent (Spion), der Vertraute, der Zutrauliche, der (emotional) Unsichere, der Geheimnisvolle (Mysteriöse)

15.2 Hauptthemen der sexuellen Fünf

Vertraulichkeit, Zutrauen, rückhaltloses Vertrauen, Zuversicht, scheue Verletzlichkeit, Unsicherheit

15.3 Darstellung der sexuellen Fünfer-Variante

Dieser *Untertyp der Fünf* (= *Kontratyp*) verfügt von allen drei *Untertypen der Fünf* über die ausgeprägteste emotionale Empfindungsfähigkeit, welche allerdings tief verborgen und nach außen kaum erkennbar ihr Dasein fristet. Nur ausgewählte Menschen kommen in

den Genuss, dass sich der *Untertyp S 5* ihnen emotional öffnet und ihnen Vertrauen schenkt. Dabei hat er immer etwas Geheimnisvolles *(Spionähnliches)* an sich und nur wenige Menschen bekommen einen Einblick in sein wahres Gefühlsleben. Persönliche Beziehungen werden sorgfältig ausgesucht, immer mit einem Hang zur Distanziertheit und Geheimniskrämerei, welcher die innere Spannung dieses *Untertyps der Fünf* zwischen dem Wunsch nach Nähe und Kontakt einerseits und dem Erhalt von Autonomie andererseits widerspiegelt. Im Innersten ihrer Seele haben sie eine unglaubliche Angst vor Forderungen, Übergriffen und Entblößungen seitens ihrer Beziehungspartner. Daher benötigen sie einen Partner, der ihnen rückhaltloses Vertrauen entgegenbringt. Die Rolle, die sie nach außen präsentieren, ist gekennzeichnet von Vertrauen in ihre sexuelle Anziehungskraft, doch wirken sie zugleich ein wenig scheu und öffnen sich emotional in der Tat nur wenigen ausgewählten Menschen, bei denen sie sich sicher und aufgehoben fühlen.

15.4 Das Energiezentrum der Sexual-Fünf

Hier wirkt im Inneren die Energie der Leidenschaft des *(unbewussten)* Geizes und der Habsucht in Verbindung mit dem sexuellen Instinkt, also Geiz und Habsucht in Bezug auf Beziehungen und Sexualität. Geiz, Habsucht und ein allgemeines Mangelgefühl mit dem instinktiven Schwerpunkt auf Beziehungen und Sexualität, also „sexueller Geiz", bedeutet, dass der permanent vorhandene verborgene innere Geiz sich mit dem sexuellen Instinkt koppelt und dadurch vermehrt zum Bedürfnis nach Rückzug in eine verlässliche, vertrauenswürdige und sichere Beziehung führt. Auch die Angelegenheiten des täglichen Lebens an sich behandeln sie mit großer Vertraulichkeit, immer ein wenig geheimnistuerisch werden sie daher auch treffend als „Geheimagent" oder als „Geheimnisträger" bezeichnet. Als *Kontratyp der Fünf* kämpft die *sexuelle Fünf (unbewusst)* gegen das ihr innewohnende Prinzip des Geizes, der Habsucht und der Distanz zu anderen Menschen an. Sie wirken daher emotional deutlich offener und weniger abstrakt und distanziert als die beiden anderen *Untertypen der Fünf.*

15.5 Die Angstreduktion dieses sexuellen Subtyps der Fünf

Durch Rückzug in eine oder einige wenige verlässliche Beziehungen, durch Vertrauen und Zuversicht gegenüber wenigen auserwählten Menschen (*„Nur wenn es einen oder einige wenige Menschen in meinem Leben gibt, denen ich blind vertrauen kann, bin ich sicher!"*) versucht der *beziehungsorientierte Fünfer*, seine Angst zu vermindern.

15.6 Weitere wichtige Details zur sexuellen Fünf

Man nennt diesen *Untertyp der Fünf* auch passend den sog. „Zauberer", denn es handelt sich von ihrer Ausstrahlung her um ein wenig mysteriöse und geheimnisvolle Individuen mit oft wenigen besonderen Kontakten und einzigartigen Fähigkeiten der Wahrnehmung. So sind sie in Beziehungen sehr gute neutrale Beobachter und Ratgeber und nehmen damit eine gewisse objektive Sonderstellung unter allen sexuellen Untertypen ein. Und wie ein Zauberer auch leben sie eher *„klösterlich-abgeschieden"* für sich allein in *„ihrer eigenen Tiefe".* Kennzeichnend für die *sexuelle Fünf* ist also, dass sie dazu neigt, nur wenigen Menschen wirklich zu vertrauen. Ist aber einmal ein Vertrauen geschaffen, dann vertrauen sie total und ihre dann aufgebauten, näheren Freundschaften basieren auf dem Austausch von Vertraulichkeiten jeglicher Art. Intimität bedeutet für sie dann, Geheimnisse mit den ihnen

vertrauten Menschen auszutauschen. Beim Aufbau neuer Beziehungen wirkt dieser Untertyp anfangs bewusst distanziert und mitunter rätselhaft, nach und nach wechselt dieses Verhalten dann über in unkontrollierte Offenheit dem einzelnen anderen gegenüber, denn dieser Untertyp sucht letztlich nach emotionaler Verschmelzung mit anderen einzelnen Menschen, auch wenn er aufgrund seiner fünfertypischen anfänglich distanzierten Art und Weise im Umgang mit anderen erst einmal nicht so wirken mag. Die Umwelt reagiert oft erstaunt und zum Teil auch abweisend gegenüber der *sexuellen Fünf*, da sie mit einem derartig intimen Verhalten so nicht gerechnet hat. Im Innersten des *sexuellen Fünfers* fehlt es an dem notwendigen Vertrauen, an der Sicherheit in Liebesdingen. Daher besteht auch ein so intensives Verlangen, durch eine bedingungslose Beziehung mit totalem Vertrauen (= *sich wirklich zeigen zu können, wie man ist, sogar in der Gegenwart der dunkelsten inneren Bereiche, weil einen der andere Mensch so absolut liebt!*) die innere Angst in oder vor einer Partnerschaft zu überwinden. Ihnen wohnt eine verborgene romantische Ader inne mit einem vibrierenden dramatischen Innenleben, ähnlich wie bei *Typ 4*. So suchen sie nach der absoluten Liebe und werden dabei häufig leicht enttäuscht von ihren Mitmenschen, denen sie sich als Angehörige des Fünfer-Prinzips im Zweifel eben emotional nicht so leicht öffnen können. Doch innerlich empfinden sie emotional wie eine *Vier* und manchmal auch wie *Typ 8* in seiner ohnmächtigen emotionalen Verschlossenheit. Das Motto der *sexuellen Fünf* lautet in etwa: *„Ich versuche zu vertrauen, also bin ich!"* Sie versucht gegenüber einer ungewöhnlichen (*oft nicht auffindbaren*) Person ihre ausgeprägte Leidenschaft auszudrücken gleichsam wie auf einer Flöte, deren Löcher bis auf eines verstopft ist und aus diesem *einen* kommt alle Leidenschaft und wird übertragen auf *einen* Menschen. Insgesamt gesehen sind es schüchterne, nette, manchmal verschlossene, in bestimmten Situationen auch sehr zutrauliche, bescheidene und liebenswerte Menschen.

15.7 Dynamische Beschreibung der Sexual-Fünf

Der *beziehungsorientierte Fünfer* hält gern Informationen für sich zurück, was ihm einen gewissen Kick (= *eine kurzzeitige nervliche oder emotionale Erregung*) und ein Gefühl vorübergehender Überlegenheit verschafft. Auf diese Weise versucht er sich anderen gegenüber zu beweisen, indem er ihnen etwas vorenthält, von dem er weiß, dass sie es brennend interessieren könnte. Die *sexuelle Fünf* möchte auf keinen Fall, dass ihr Partner mit anderen über ihre engsten Beziehung oder sonstige private Dinge spricht, ohne sie zuvor ausdrücklich zu fragen. Sie führt interessante Gespräche mit Menschen, die sie nicht kennt, obwohl sie selbst aufgrund ihrer scheuen Wesensart nur selten den ersten Schritt zu einer Unterhaltung wagt. Die *sexuell (-aggressive) Fünf* redet gern über organisatorische oder wissenschaftliche Angelegenheiten, geht die Dinge des Lebens immer ein stark analytisch an, doch als gefühlsbetonter *Kontratyp der Fünf* (und aufgrund ihrer Nähe zu *Enneagrammtyp 4*) diskutiert sie im Zweifel noch lieber über Literatur, Kunst oder Psychologie. Besonders schätzt sie diejenigen Mitmenschen, die ihre Grenzen vorbehaltlos anerkennen. Sie weiß um ihre zurückhaltende Wirkung im Zwischenmenschlichen, aber ist oft stark damit beschäftigt, das Leben aus einer gewissen Distanz heraus nur zu beobachten, als selbst direkt in den Sog des Lebens hineingezogen zu werden. Gerät sie dann unbeabsichtigt doch selbst direkt in den Mittelpunkt des sozialen Fokus, kommt sie sich schnell ein wenig komisch vor und ist schnell ein wenig peinlich berührt. Für den *sexuellen Fünfer* ist es sehr wichtig, seine Gefühle nach außen hin wahrnehmbar auszudrücken, weil ihn das von seinen regen Verstandesaktivitäten wegbringt und er sich dann mehr in seinem Körper ver-

ankern kann. Ist die *sexuelle Fünf* mit ihren Gedanken allein und für sich, ist ihr Denken und Fühlen oft klar und strukturiert. Versucht sie jedoch, ihren Gemütszustand z.B. ihrem Partner oder anderen engen Vertrauten mitzuteilen, fehlen ihr aufgrund ihrer starken emotionalen Energien, die wie Magma in ihrem Innersten schlummern und nur schwer an die Oberfläche gelangen, oft die richtigen Worte und Gefühlsverwirrung zeigt sich dabei nicht selten.

Ü
84
85
86
87

16. Der Charakter der selbsterhaltenden Sechs (Abkürzung: SE 6 - Familienmensch)

Die innere **Leidenschaft der Angst** sowie *jegliche Formen der Sicherheit bzw. Unsicherheit und des Zweifels* werden bei dieser Variante des Sechsers hauptsächlich auf *loyale, wohlwollende, freundliche und hilfsbereite Art und Weise* ausgelebt.

16.1 Beschreibungen der Selbsterhaltungs-Variante der Sechs

Der (soziale) Familienmensch, der loyale Unterstützer, die „Wärme", der ängstlich Scheue

16.2 Hauptthemen der selbsterhaltenden Sechs

„Wärme", wohlwollende Zuneigung oder Ablehnung, freundliche Anpassung an die Umgebung, „lieb, hilfsbereit, freundlich sein", Familie als „kleine warme Welt", ausgeprägtes Sozialverhalten

16.3 Darstellung der selbsterhaltenden Sechser-Variante

Die Strategie, seine zentrale Angst zu überwinden, meistert dieser *Untertyp der Sechs (= Verstärkungstyp)* dadurch, dass er Beziehungen und Vereinbarungen mit anderen Menschen knüpft, indem er sich auf einer persönlichen Ebene sehr warmherzig und wohlwollend verhält. Er möchte auf keinen Fall von seinen Mitmenschen links liegen gelassen werden und tut alles, um das zu verhindern. Häufig findet man einen Mangel an Wärme oder eine traumatische Bedrohung seiner Sicherheit im frühen Kindesalter. Dieses frühkindliche Trauma führte dann zu einer tiefen Angst in Bezug auf die Selbsterhaltung sowie auf das Überleben an sich. Im krassen Gegensatz zur *Kontra-Sechs* geht dieser *Untertyp der Sechs* kein auch noch so kleines Risiko ein, stattdessen lebt er sein Leben besser innerhalb gut bekannter, überschaubarer und definierter Grenzen, oft nur innerhalb der Familie und engster Freunde. Jegliche mögliche Bedrohung wendet der *SE 6* ab, indem er sich seinen Mitmenschen freundlich und hilfsbereit zuwendet. Aufgrund seiner Helfernatur wird er daher manchmal auch mit *Typ 2* verwechselt, aber im Unterschied zu diesem erkennt man bei der *selbsterhaltenden Sechs* ihre ängstliche Motivation immer schon an ihrer etwas nervösen Ausstrahlung, die mehr einem Kaninchen oder einem scheuen Reh gleicht und mit dem *Prinzip des falschen Überflusses von Typ 2* (sog. *Prinzip des falschen Überflusses, der falschen Fülle*) nur sehr wenig bis gar nichts zu tun hat. Ihre Motivation ist vielmehr das Bedürfnis nach Sicherheit. Aus Sicht des *selbsterhaltenden Sechsers* bedeutet Überleben, dass seine Umwelt nicht bedrohlich ist und so vermeidet er jegliche Machtansprüche gegenüber anderen, indem er Bündnisse mit denjenigen schließt, die aus seiner Sicht als nicht bedrohlich wahrgenommen bzw. eingestuft werden. Im Zweifel ist er autoritätsgläubig, um seine innere Angst überwinden zu können. Sich selbst hält der *SE 6* häufig für *Typ 9*, weil er eine ähnliche Strategie an den Tag legt, auf diese Weise Konflikte und Streit zu vermeiden. Doch die *Neun* möchte ihren Zorn vermeiden, weil sie befürchtet, er könne für andere eine

starke Bedrohung sein, während *Typ 6* einfach aus seiner grundlegenden Angst heraus jegliche Bedrohung für sich selbst vermeiden möchte.

16.4 Das Energiezentrum der Selbsterhaltungs-Sechs

Hier wirkt im Inneren die Energie der Leidenschaft der *(unbewussten)* Angst, der Furcht und der Unsicherheit *(des Zweifels)* in Verbindung mit dem selbsterhaltenden Instinkt, also Angst, Furcht und Unsicherheit in Bezug auf die Selbsterhaltung. Angst, Furcht und Zweifel mit dem instinktiven Schwerpunkt auf der Selbsterhaltung, also „selbsterhaltende Angst", bedeutet, dass die permanent vorhandene verborgene innere Angst sich mit dem Selbsterhaltungsinstinkt koppelt und dadurch vermehrt zur ängstlich-freundlichen Anpassung an ihre Umwelt führt.

16.5 Die Angstreduktion dieses selbsterhaltenden Subtyps der Sechs

Durch Anpassung an die Umgebung sowie die Anpassung der Umgebung an sich selbst *(„Nur wenn ich mich optimal an meine Umwelt anpasse sowie lieb, freundlich und hilfsbereit bin, werde ich sicher überleben und kann mir und den anderen vertrauen!")* versucht der *SE 6*, seine Angst zu vermindern. Er sucht also durch Wärme und wohlwollende Zuneigung nach Sicherheit und Vertrauen, weil sein (Selbst-) Vertrauen in Angelegenheiten der Selbsterhaltung ansonsten bedroht ist.

16.6 Weitere wichtige Details zur selbsterhaltenden Sechs

Man bezeichnet diesen *Untertypen der Sechs* auch als sog. *„warme Sechs"*, denn er besitzt eine warme und menschliche Ausstrahlung. Neben der Tieranalogie vom Kaninchen oder scheuem Reh spricht man bei diesem Untertyp auch gern von einer sog. *Meerschweinchen-Mentalität*, denn Meerschweinchen sind wie der *SE 6* tendenziell eher schüchtern, abwartend, schutzbedürftig, warm und weich, manchmal zitternd, oft unklar profillos und verfügen bekanntlich über ein ausgeprägtes Sozialverhalten, genauso wie die *selbsterhaltende Sechs*. Sie wird auch sehr treffend als sog. „Familienmensch" bezeichnet, denn sie ist insgesamt betrachtet ein warmer und unterstützender Beschützer der eigenen Familie und macht ihr „trautes Heim" zum Mittelpunkt ihres Lebens. (*„Trautes Heim, Glück allein!"*). Für sie ist die Familie das Zentrum ihres Lebens und ihr größter Gewinn. Kennzeichnend für die *Selbsterhaltungs-Sechs* ist, dass sie immer eine gewisse persönliche Wärme gegenüber ihren Mitmenschen zeigt, um die Feindseligkeit anderer Menschen zu entschärfen. Erfährt sie jedoch zu starke Ablehnung und Aggression seitens ihrer Umwelt, kann diese Warmherzigkeit schnell verschwinden, vor allem in einer vorübergehenden *sog. kontraphobischen Phase*. Dann kann sie all ihren Mut zusammennehmen und aufgrund ihrer ansonsten blockierten und nun freiwerdenden Angstenergie auch einmal aktiv Widerstand leisten. Aber im Allgemeinen ist sie wie bereits erwähnt sehr darum bemüht, ein möglichst freundschaftliches Verhältnis zu anderen aufzubauen, von denen Gefahr droht und die sie als potenzielle Feinde betrachtet. Dafür setzt sie mitunter gezielt Humor, Charme und eine gewisse Form von Selbstabwertung bis hin zur Unterwürfigkeit ein. Sie kann dabei auch andere umschmeicheln ähnlich wie *Typ 2*, sich selbst dabei herabsetzen und alles tun, um die Zuneigung der anderen aufrechtzuerhalten. Ihre häusliche Umgebung empfindet sie als Festung gegen die Außenwelt, in der sie sich zurückziehen kann, um sich sicher zu fühlen und ihren Gefühlen und Befürchtungen nachzugehen, was ihr in Zukunft alles

noch passieren könnte, denn sie ist Angehörige der Kopftriade und damit sehr aktiv im Denken und im *„Sich-Sorgen-machen"*. So lebt sie in ihrer *„eigenen kleinen warmen Welt"*, umgeben von der Familie und engen Freunden mit dem permanenten Bedürfnis, menschliche Wärme zu geben und zu erhalten. Diese Gemeinschaft schützt natürlich auch vor möglichen Feinden, denn ein gemeinsamer Feind verursacht Gefahr und Unsicherheit. Unsicherheit ist das Gesicht der Angst und zum Schutz vor diesem Feind ist eine Allianzbildung zur gegenseitigen Unterstützung und Schutzbildung die beste Garantie zum Überleben. Die Familie dient hier als Rückzugsort, wo es keine Feinde gibt und dem Bedürfnis der *selbsterhaltenden Sechs* nach einer menschlichen Umgebung ohne Aggression Rechnung getragen wird. Die Mottos der *Selbsterhaltungs-Sechs* lauten: *„Ich gebe Wärme, also bin ich!"* *„Ich halte mich zurück, also bin ich!"*. Es sind insgesamt gesehen freundschaftliche, ängstlich schüchterne, soziale, „warme" und durchaus pragmatische Menschen.

16.7 Dynamische Beschreibung der Selbsterhaltungs-Sechs

Wie wir gesehen haben erscheint der *selbsterhaltende Sechser* wegen seiner Freundlichkeit, seinem Verantwortungsbewusstsein, seiner Loyalität, seiner geistreichen Art und seinem Aufmerksamkeits-Fokus auf Familie und Freunde oft als warm- und gutherzig. Immer versucht er dafür zu sorgen, dass ihm die Menschen wohlgesonnen sind, weil er sich eben nur dann sehr sicher fühlen kann. Der *selbsterhaltungsorientierte Sechser* mag es, wenn er seinen Freunden zeigen kann, dass er vollkommen und in besonders loyaler Weise zu ihnen steht. Denn als Gegenleistung erhält er dann, dass seine Freunde dann auch zu ihm stehen, wenn es in der Zukunft nötig wird *(und nötig wird es garantiert aller Wahrscheinlichkeit nach!)*. Ganz genau beobachtet der *selbsterhaltender Untertyp der Sechs*, welche Außenwirkung er auf seine Mitmenschen hat, oft einzig und allein um herauszufinden, wie er sich ihre Gewogenheit, Gunst und Zuneigung weiterhin erhält oder im Zweifel wieder zurückerhalten kann. Diese Haltung hat ein wenig von einem unterwürfigen Hund, ist aber für ihn und seine Wesensstruktur von elementarer Bedeutung. Unwillkürlich versucht der *SE 6*, immer herzlich und wohlwollend zu sein, auch im Umgang mit Menschen, über die er sich im Inneren total aufregt oder ärgert. Aufgrund seiner zahlreichen Sorgen und Zweifel sucht er bei anderen stets Sicherheit und Schutz. Er analysiert jede mögliche Entwicklung von zukünftigen Vorhaben, um Fehler möglichst schon im Vorfeld zu vermeiden und seine Sicherheit nicht achtlos aufs Spiel zu setzen. Er braucht ein sicheres Heim, in dem er sich vor der *„kalten Welt"* geschützt fühlen kann. Die Bandbreite im menschlichen Ausdruck ist am unterschiedlichsten innerhalb der drei *Untertypen der Sechs*. Während die *Selbsterhaltungs-Sechs* hauptsächlich phobische Anteile lebt und man ihr ihre Angst oft schon von weitem ansehen kann, manifestiert die *soziale Sechs* sowohl phobische als auch kontraphobische Verhaltensmerkmale, wirkt also manchmal eher ängstlich zurückhaltend, überwiegend aber eher beherzt, entschieden und resolut. Die *sexuelle Sechs* hingegen zeigt vorwiegend kontraphobische und angstabwehrende Merkmale in ihrem Verhalten, ihr ist die zugrundeliegende Motivation der Angst am wenigsten anzumerken und sie macht daher im Vergleich zur *Selbsterhaltungs-Sechs* genau den entgegengesetzten mutigen, verwegenen und angstfreien Eindruck.

17. Der Charakter der sozialen Sechs (Abkürzung: SO 6 - Beschützer)

Die innere **Leidenschaft der Angst** sowie *jegliche Formen der Sicherheit bzw. Unsicherheit und des Zweifels* werden bei dieser Variante des Sechsers hauptsächlich auf *pflicht- und verantwortungsbewusste Art und Weise* ausgelebt.

17.1 Beschreibungen der Sozial-Variante der Sechs

Der (soziale) Beschützer, der Schutzengel, der Pflichterfüllende, der Normorientierte

17.2 Hauptthemen der sozialen Sechs

Pflichterfüllung, Gewissenhaftigkeit, orientiert an gesellschaftlichen Normen, opfert (sich) für die Gemeinschaft

17.3 Darstellung der sozialen Sechser-Variante

Bei diesem *Untertyp der Sechs (= Normaltyp)* besteht ein übergeordnetes starkes Bedürfnis nach Klarheit in Bezug auf seine Funktion innerhalb einer Gruppe oder der Gesellschaft. Um seine Angst zu überwinden und Ablehnung oder Zurückweisung zu vermeiden, ist es für ihn überlebensnotwendig, die gesellschaftlichen Vorschriften und Regeln zu kennen und klare Vereinbarungen zu treffen mit Freunden und Kollegen. Und doch gibt es gerade bei diesem *Untertyp der Sechs* eine starke Ambivalenz in Bezug auf ihr Gefühl der Zugehörigkeit zu einer sozialen Gruppe oder der gesamten Gesellschaft. So erfüllen sie so gut sie können ihre Verpflichtungen im Alltag und die Anforderungen, die ihr Leben an sie stellt. Doch genau diese Anforderungen bedeuten für sie oft beides: Eine Berufung und eine Last. Nach außen zeigen sie wenn möglich keine Schwäche und lassen sich auch ungern wirklich helfen, weil sie durch die Hilfe anderer in eine unsichere Situation gelangen können. Ihr äußeres Erscheinungsbild ist auffällig korrekt. Sie wirken oft wie geschniegelt mit einem sauberen Kurzhaarschnitt und, sofern vorhanden, akkurat gepflegtem Bart, weshalb sie schon einmal mit *Typ 1* verwechselt werden. Die Pflicht ist die Hauptantriebskraft im Leben einer *sozialen Sechs*. Auch gegenüber der engen Familie besteht immer dieses starke Pflichtgefühl, selbst wenn sie sich innerlich bewusst dagegen auflehnen. Selbst wenn sie sich entschließen, der Familie für immer den Rücken zu kehren, suchen sie sich dafür eine gewisse Ersatzfamilie *(Feuerwehr-, Polizei-, Krankenhaus-, Kirchen- oder Militärdienst, Rechts-, Versicherungs- und Verwaltungswesen etc.)*, um ihren primären Instinkt in sozialen Angelegenheiten und dem damit eng verbundenen Pflichtbewusstsein befriedigend ausleben zu können, indem sie genau dort ihre Pflicht erfüllen. Oder aber sie suchen sich statt einer Ersatzfamilie eine höhere geistige Idee, welche dem Wohl der Menschheit dient und widmen sich dieser pflichtbewusst ihr ganzes Leben lang.

17.4 Das Energiezentrum der Sozial-Sechs

Hier wirkt im Inneren die Energie der Leidenschaft der *(unbewussten)* Angst, der Furcht und der Unsicherheit *(des Zweifels)* in Verbindung mit dem sozialen Instinkt, also Angst, Furcht und Unsicherheit in Bezug auf das soziale Miteinander. Angst, Furcht und Zweifel mit dem instinktiven Schwerpunkt auf gesellschaftliche und soziale Angelegenheiten, also „soziale Angst", bedeutet, dass die permanent vorhandene verborgene innere Angst sich mit dem sozialen Instinkt koppelt und dadurch vermehrt zur Orientierung an Gesetzen,

Normen und Regeln sowie zum Bedürfnis nach besonderer Pflichterfüllung führt. Auf diese Weise begrenzt sich der *soziale Sechser* letztlich selbst und bringt Opfer für die Gemeinschaft, weshalb er auch als der „sozialer Beschützer" bezeichnet wird. Sein (Selbst-) Vertrauen bezieht er aus dem Funktionieren in sozialen Bereichen. Ist dieses bedroht, orientiert er sich schnell an allen möglichen Normen, die ihm enorme Sicherheit geben.

17.5 Die Angstreduktion dieses sozialen Subtyps der Sechs

Durch diese Orientierung an Gesetzen, gesellschaftlichen Normen und Pflichten („*Nur wenn ich mich gewissenhaft an alle Regeln halte und meine Pflicht erfülle, kann ich mir und der Welt vertrauen!*") versucht der *SO 6*, seine Angst zu vermindern.

17.6 Weitere wichtige Details zur sozialen Sechs

Unter allen Sechsern hat dieser Untertyp die kälteste und emotionsloseste menschliche Ausstrahlung, er wird daher auch als sog. „*kalte Sechs*" bezeichnet. Ferner nennt man ihn auch treffend den Beschützer oder Schutzengel, denn er erhält auf loyale Art und Weise traditionelle Werte der sozialen Gruppe und verstärkt gemeinschaftliche Maßstäbe. Nach außen kultivieren und demonstrieren sie häufig ihre Unabhängigkeit, um den wahren Glauben an und das Vertrauen in sich selbst zu vermeiden. Kennzeichnend für die *soziale Sechs* ist aber nicht nur die Neigung zu Pflichtbewusstsein, sondern auch zu Abhängigkeiten gegenüber Autoritäten. Sie hören zunächst immer erst die Meinung der anderen an, bevor sie selbst eine Meinung abgeben und gleichen dabei oft ihre Auffassung derjenigen ihrer Mitmenschen an, um Sicherheit aufrechtzuerhalten und versuchen stets zu gefallen. In unbewussteren Phasen ihres Lebens sind sie häufig die typischen Mitläufer, die vermeintlich loyal, aber faktisch einfach blind bestimmten Traditionen oder Idealen folgen. Das Phänomen des deutschen Nationalsozialismus ist undenkbar ohne dieses energetische Prinzip der *sozialen Sechs* auf nationaler Ebene, wobei in diesem Falle das Prinzip der sozialen Sechs damals in dramatisch unbewusste Sphären abgedriftet ist. Selbst fragwürdige Gesetze und Normen wurden in dieser dunklen Zeit der Geschichte überwiegend nicht kritisch hinterfragt, aus Angst, in der Zukunft noch schlechter dazustehen. Die *soziale Sechs* fühlt sich im Innersten abhängig von anderen und befürchtet den Verlust von Sicherheit und Unterstützung durch die Gesellschaft, wenn sie die Regeln nicht streng befolgt. Irgendwann einmal aber erkennt auch sie diesen letztlich zum Scheitern verursachten Versuch, eine Scheinharmonie aufrechtzuerhalten und ist dann häufig tief enttäuscht von der Welt und letztlich auch von sich selbst. Dann fühlt sie sich nicht mehr wertgeschätzt, wird schnell passiv-aggressiv und zunehmend kontraphobischer und zorniger, denn dieser *Untertyp der Sechs* hat oft eine enge Verbindung zum *Enneagrammpunkt 9*, mit dem er deshalb auch manchmal verwechselt wird. Der *SO 6* steht immer im Spannungsfeld zwischen Pflichterfüllung und Angst. Daraus resultiert sein starkes Bedürfnis, präzise und klar zu bestimmen, was die Pflicht ist, um innere Unklarheit zu vermeiden, die ihm große Angst macht. Wenn Bestrafung droht, hält er sich starr an Vorschriften fest, die dann häufig genug auf andere projiziert werden, statt selbst zu handeln. In seiner kalten und effizienten Art erinnert dieser *Untertyp der Sechs* auch manchmal an *Typ 3*. Mit klarem Geist, klaren Kategorien und seinem legalistischen Charakter beschäftigt sich der *soziale Sechser* also damit, was Pflicht für ihn und andere bedeutet. In diesem Bewusstsein, nur seine Pflicht erfüllen zu wollen und zu müssen, kämpft er mitunter gegen die stärksten Widerstände

anderer an und ähnelt dabei der Gestalt des *„Don Quijote"*, der immer wieder auch in scheinbar völlig aussichtslosen Situationen pflichtbewusst, unverdrossen und unermüdlich den Kampf gegen Windmühlen aufnimmt. Die Mottos der *sozialen Sechs* lauten: *„Ich kenne meine Pflicht, also bin ich!" „Ich bin effizient, also bin ich!" „Ich stelle mich meiner sozialen Verantwortung, also bin ich!"* Dabei fehlt ihr allerdings regelmäßig das Vertrauen gegenüber ihren natürlichen Wünschen und Instinkten, weshalb sie oft so emotionsarm und mitunter gar unmenschlich wirkt. Weiterhin sind soziale Sechser intolerant gegenüber Zweideutigkeiten, weil diese ihr ohnehin schon unsicheres inneres Selbstgefühl unnötig zusätzlich belastet. Es sind insgesamt betrachtet klare, intellektuelle, vergeistigte und „kalte" Menschen.

17.7 Dynamische Beschreibung der Sozial-Sechs

Der *soziale Sechser* befindet sich ständig in einem Dialog mit einer ganzen Prüfungskommission in seinem Kopf. Während im Vergleich dazu der *Typ 1* eher *einen* großen inneren Richter besitzt, sind es bei *Typ 6* zahlreiche *kleine* innere Richter, die häufig Regie führen im Leben des *sozialen Sechsers*. Es sind sämtliche konditionierende Stimmen von Autoritäts- und Respektspersonen aus seinem sozialen und gesellschaftlichen Umfeld *(Familie, Schule, Kirche, Berufswelt etc.)*. Wenn die *soziale Sechs* eine Entscheidung zu treffen hat, hört sie meist *(unbewusst)* auf diese inneren Stimmen, um sicherzustellen, dass sie auch gewiss das Richtige tut. Gegenüber Familien- und Gruppenmitgliedern verhält sich die *sozialorientierte Sechs* loyal, Außenstehenden gegenüber ist sie hingegen zweifelnd, misstrauisch und skeptisch. Sie versucht dann, sorgfältig und gewissenhaft zu sein und sich regelkonform zu verhalten *(phobisches Verhalten)* oder aber ihre Grenzen auszuloten und diese gar zu überschreiten *(kontraphobisches Verhalten)*, vorzugsweise mit der Unterstützung von Gleichgesinnten. Hier zeigen sich also die stark wechselnden phobischen und kontraphobischen Anteile der *sozialen Sechs* in einer Person vereinigt. Daher fühlt sie sich innerlich häufig auch sehr zerrissen, unvollständig und unsicher. Sagen ihr andere Menschen, was sie zu tun habe, ist die *SO 6* entweder erleichtert darüber, dass sie selbst die Verantwortung für eine Entscheidung nicht treffen muss oder aber sie reagiert ungehalten und verärgert. Aus Sicht der sozialen Sechs ist es nicht gut, sich nur auf wenige oder gar nur einen bestimmten Menschen zu verlassen, denn sie vertraut lieber auf die Unterstützung einer größeren Gruppe oder auch einer bestimmten Sache, einem Glauben, einer Weltanschauung. Der *soziale Sechser* hat im Allgemeinen Angst vor beruflichem Aufstieg. Zwar strebt er durchaus mitunter nach beruflichen Erfolg, trägt aber letztlich nicht gern ernsthaft größere Verantwortung. Auch nimmt er aufgrund seiner inneren Ängstlichkeit nicht sonderlich gern eine soziale, berufliche oder gesellschaftliche Position ein, in der er für alle sichtbar handeln muss, weil er dann befürchten müsste, zum Gegenstand der Kritik, des Hohns oder des Zweifels zu werden. Er selbst hingegen kritisiert allzu gern seine Vorgesetzten hinter vorgehaltener Hand und macht sich lustig über sie. Zunächst ist er zwar immer beeindruckt von Personen, die im Rang über ihm stehen, denn er macht sich schnell ein Idealbild von Autoritätspersonen, aber später dann ist er umso mehr von ihnen enttäuscht, weil er aufgrund seiner kontraphobischen Anteile sich auf Dauer ihnen nicht unterordnen kann und möchte. Abschließend sei noch erwähnt, dass der *sozialorientierte Sechser* sich unermüdlich für Angelegenheiten einsetzen und starkmachen kann, an die er fest glaubt.

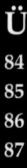

18. Der Charakter der sexuellen Sechs (Abkürzung: S 6 - Mutiger)

Die innere **Leidenschaft der Angst** sowie *jegliche Formen der Sicherheit bzw. Unsicherheit und des Zweifels* werden bei dieser Variante des Sechsers hauptsächlich auf *mutige, kämpferische und selbstbewusste Art und Weise* ausgelebt.

18.1 Beschreibungen der Sexual-Variante der Sechs

Der Mutige, der Verwegene, der Kämpfer, der couragierte Verteidiger, der Selbstbewusste, der Herausforderer, der Angstabwehrende, der Einschüchternde, die „Stärke und Schönheit"

18.2 Hauptthemen der sexuellen Sechs

Demonstration von Stärke und Schönheit, Angstabwehr, Einschüchterung, Streitbarkeit, Kampf

18.3 Darstellung der sexuellen Sechser-Variante

Dieser *Untertyp der Sechs (= Kontratyp)* versucht seine im Inneren verborgene Angst zu überwinden bzw. zu vermeiden, indem er seine Willenskraft dazu einsetzt, physische Stärke und Tapferkeit aufzubauen. Manchmal überwindet er seine Angst auch durch den Aufbau einer intellektuellen Stärke in Form von leidenschaftlichen ideologischen Meinungen. Eine weitere eher weibliche Möglichkeit, die Angst und die inneren Selbstzweifel zu überwinden besteht bei diesem Untertyp ferner darin, den Idealismus und die verwegene Art durch die Erschaffung von Schönheit in seiner Umgebung zu manifestieren. All das hilft dabei, Stabilität und Kontrolle über seine Lebensumstände zu erlangen. Sie sind also entweder mehr stark oder mehr schön oder eben beides zu ähnlich starken Anteilen, immer ein wenig abhängig vom jeweiligen Geschlecht. So verbünden sie sich auch gern mit Partnern, die ebenfalls stark und schön sind. Wir finden sie überdurchschnittlich häufig in gefährlichen, risikoreichen Berufen *(Bombenentschärfer, Fensterputzer, Feuerwehrmänner, Piloten, Dachdecker, Soldaten, SEK-Polizisten, Leibwächter, Artisten, Stuntman etc.)* und Sportarten *(Fallschirmspringen, Bergsteigen, Surfen, Motorsport, Tauchen, Freiklettern, alpiner Skisport etc.).* Nach außen hin zeigen sie sich betont bestimmend und unterwerfen sich anderen niemals.

18.4 Das Energiezentrum der Sexual-Sechs

Hier wirkt im Inneren die Energie der Leidenschaft der *(unbewussten)* Angst, der Furcht und der Unsicherheit *(des Zweifels)* in Verbindung mit dem sexuellen Instinkt, also Angst, Furcht und Unsicherheit in Bezug auf Beziehungen und Sexualität. Angst, Furcht und Zweifel mit dem instinktiven Schwerpunkt auf Beziehungen und Sexualität, also „sexuelle Angst", bedeutet, dass die permanent vorhandene verborgene innere Angst sich mit dem sexuellen Instinkt koppelt und dadurch vermehrt zum Bedürfnis nach Demonstration von Stärke *(mitunter mit einschüchterndem Verhalten)*, der Verwandlung der eigenen Person ins Schöne und einer allgemein angstabwehrenden Haltung führt. Als *Kontratyp* kämpft die *sexuelle Sechs (unbewusst)* gegen das ihr innewohnende Prinzip der Angst, der Furcht und des Zweifels an und verhält sich demzufolge so, dass sie sich von genau der Gefahr, vor der sie sich eigentlich fürchten müsste, paradoxerweise angezogen fühlt. Die innewohnende Angst wird also perfekt aus dem Bewusstsein abgespalten, sodass sie im bewussten Alltag überhaupt nicht gespürt wird. So wirkt der *sexuelle Sechser* selbstbewusst und voller

Stärke. Man kann beim besten Willen bei diesem forschen, verwegenen und kühnen Typ an der Oberfläche keine Ängstlichkeit wahrnehmen, weshalb er auch häufig mit *Typ 8* verwechselt wird. In der Durchsetzungskraft kann er den *Achter* manchmal sogar zeitweise noch ein wenig übertreffen. Doch fehlt ihm im Gegensatz zu *Typ Acht* das innere Gefühl von Souveränität und Mächtigkeit.

18.5 Die Angstreduktion dieses sexuellen Subtyps der Sechs

Durch Demonstration von Stärke und Schönheit (*„Nur wenn ich die anderen (Beziehungspartner) erfolgreich einschüchtern und durch gutes Aussehen positiv auf sie einwirken kann, empfinden sie mich als stark und schön und ich kann mir und auch ihnen vertrauen!"*) versucht der S 6, seine Angst zu vermindern. Denn insgeheim ist sein (Selbst-) Vertrauen in Sachen Beziehung und Sexualität permanent bedroht. Diese tief im Unterbewusstsein verborgene lauernde Angst führt kompensatorisch direkt zu einer Überbetonung von Stärke und Schönheit nach außen hin. So überwindet der *sexuell-aggressive Sechser* seine Furcht durch Einschüchterung, Angstabwehr, Stärke und Verwandlung ins Schöne. Besonders kennzeichnend für den S 6 ist auch sein starker Hang zur Streitbarkeit und einer Haltung, immer sofort eine Gegenhaltung einzunehmen. Kinder dieses Untertyps sind daher oft nicht leicht zu erziehen, sie selbst ecken häufig aufgrund ihrer streitbaren, oft kompromisslosen Haltung bei ihren Bezugspersonen an, was sie selbst oft überrascht. Selbst von sich positiv überzeugt wirken sie aus Sicht ihrer Mitmenschen mitunter sehr egoistisch, negativ, aggressiv und mitunter ein wenig größenwahnsinnig, selbst empfinden sie sich allerdings als optimistisch und durchsetzungsstark. Eigen- und Fremdwahrnehmung klaffen beim S 6 oft deutlich auseinander.

18.6 Weitere wichtige Details zur sexuellen Sechs

Unter allen Sechsern hat dieser Untertyp die heißeste und hitzigste menschliche Ausstrahlung, oft reagiert er zwischenmenschlich gesehen äußerst rabiat, aggressiv und einschüchternd. Daher wird er auch als *sog. „heiße Sechs"* bezeichnet. Aufgrund seines forschen und selbstbewussten Auftretens wird er auch als „der Mutige" oder auch „der Kämpfer" bezeichnet, obwohl sein Grundantrieb stets die Angst bleibt. In bewussteren Lebensphasen sind es couragierte Verteidiger der Schwachen und Geliebten. Einerseits neigen sie dazu, diejenigen, die sie lieben, zu überidealisieren und andererseits sind sie sehr skeptisch gegenüber Fremden und neuen Ideen. Kennzeichnend für den *beziehungsorientierten Sechser* ist vor allem, dass er sich nach außen hin verführerisch zeigt, gerade wenn er innerlich unsicher ist. Vor allem die Männer zeigen sich dann von einer äußerst kontraphobischen „angstfreien" Seite, ähneln dann sehr stark der *Acht*, gehen große Risiken ein und verfügen über eine robuste, widerstandsfähige Ausdrucksweise. Gerade in höchster Angst handeln sie kraftvoll und kontrolliert in allen Lebenslagen und wollen auf keinen Fall schwach wirken oder in irgendeiner Weise ihre Angst nach außen zeigen. Sie wirken zuweilen dabei sogar arrogant ohne es wirklich zu sein und erinnern insofern an die *sexuelle Variante des Einsers*. Einige erlernen auf ihrem Lebensweg Kampfkünste oder suchen eine Lebensweise für sich, die sie stark macht (*regelmäßige sportliche Aktivitäten, z.B. Fitness-Center-Besuch, Kampfschule, Schießsport etc.*). Manche interessieren sich stark für Waffen und möchten unbedingt einen Waffenschein erwerben, weil sie dann durch den Besitz und das Tragen von Waffen ihr wie bei jedem Sechser stark vorhandenes Sicherheitsbe-

dürfnis befriedigen können. Schönheit ist ein weiterer Schwerpunkt in ihrem Leben. Sie versuchen möglichst attraktiv zu erscheinen, um dahinter ihre Angst zu verstecken und Bestätigung und Anerkennung von außen zu erhalten. Angst wird versteckt hinter einer verführerischen Maske, was ihnen voll bewusst ist im Gegensatz zum *Enneatyp 3*, dem seine Eitelkeit in aller Regel nicht bewusst ist. Ähnlich der *Drei* besitzt die *sexuelle Sechs* viel Eitelkeit, auch sonst besteht eine starke Verbindung zum *Enneagrammpunkt 3*. Vom Erscheinungsbild kann die *sexuelle Sechs* sehr vielfältig und facettenreich daherkommen. Sie ist daher manchmal die am schwersten zu identifizierende Fixierung im Enneagramm. Auf mannigfaltige Weise kann sie einschüchtern, Stärke zeigen und durch ihre starke Vorstellungskraft sich und ihre Lebensthemen ins Schöne verwandeln. In ihrer überschwänglichen und deutlich positiven Ausdrucksweise wird sie daher manchmal gar mit *Typ 7* verwechselt, oft auch wegen ihres offenen und neugierigen Wesens mit *Typ 2*, wegen ihrer eitlen Art natürlich auch mit *Typ 3* und wegen ihrer verwegenen, mutigen und zum Teil fordernd-aggressiven Erscheinung auch mit *Typ 8*. Dahinter steckt immer das Bedürfnis, sich gegen die Furcht zu wenden, indem man andere einschüchtert, indem man auf Stärke macht *(heroisch)*, denn die beste Verteidigung gegen Angst ist aus ihrer Sicht der Angriff *(wie ein Hund, der mehr bellt als beißt!)*. Das Negative in eingebildete Schönheit verwandeln und dabei möglichst eine *sog. Popeye-Mentalität* annehmen ist Ausdruck ihres lebendigen Seins. Wie bei der *selbsterhaltenden Vier* kann auch bei der *sexuellen Sechs* ein hervorstechender Augenausdruck ein möglicher Hinweis zur Identifikation dieses *Subtyps der Sechs* sein, hier aber mehr als ein Ausdruck von Verfolgungswahn *(Typ 6 hat allgemein eine Tendenz zur paranoiden Denkstörung)*. Sie hatten oft sehr unterdrückende Eltern und mussten sich ihnen gegenüber immer wieder behaupten. Die Eltern selbst waren häufig überfordert mit dem überschießenden, häufig widersprechenden und oft rücksichtslos-aggressiven energetischen Wesen ihres Sprösslings, der schon früh sehr gern seinen eigenen Weg gehen wollte. Das Motto der männlichen *Sexual-Sechs* lautet: *„Angriff ist die beste Verteidigung!"*; das Motto der weiblichen *sexuellen Sechs*: *„Defensiver Mut sowie die Verwandlung des Fürchterlichen in eingebildete Schönheit!"*. Insgesamt gesehen kann man die Mentalität der *beziehungsorientierten Sechs* mit einer *„Bulldoggen-Mentalität"* bezeichnen: Die Bulldogge beißt nicht immer, und bellt mehr als sie beißt, aber dabei schaut sie dennoch wild drein! Allgemein lauten die Mottos dieses *Untertyps der Sechs*: *Ich bin stark und mutig, also bin ich!" „Ich stelle mich der Gefahr, also bin ich!" „Ich nehme jede Herausforderung des Lebens an und kämpfe, also bin ich!"*. Dabei ist aus seiner Sicht jemand entweder ein Freund oder ein Feind. Es sind starke, mutige, verwegene, angstabwehrende, „heiße" und aktive und dominante Menschen, die ihr Leben in Angriff nehmen.

18.7 Dynamische Beschreibung der Sexual-Sechs

Der *sexuell-aggressive Sechser* ist sehr energiegeladen, konkurrenzbewusst und ähnlich wie Typ 3 sehr wettbewerbsorientiert. Er arbeitet zuweilen sehr hart, um seine hochgesteckten Ziele zu verwirklichen. Stets versucht er, sowohl körperlich als auch intellektuell-geistig möglichst stark und sexuell möglichst attraktiv, anziehend oder ansehnlich zu sein. Aufgrund seines tief verborgenen Antriebs der Angst wirkt er in seltenen Ausnahmefällen durchaus ein wenig zögerlich, vor allem dann, wenn ihn vor großen Aufgaben leise Selbstzweifel überkommen. Er muss sich sicher sein, dass entweder andere, die er kennt und die sich um ihn kümmern, ihm zur Hilfe kommen oder dass er selbst in der Lage ist, sich angemessen zu verteidigen. Genau aus diesem Grunde hat er ja auch häufig starke innere

Impulse, die Kunst der Selbstverteidigung zu erlernen. Männer dieses *Subtyps der Sechs* wehren sich mit beißenden, höhnischen, bissigen, ironischen oder gar sarkastischen Bemerkungen, wenn andere sie angreifen, bedrohen oder eifersüchtig machen möchten und hoffen, dass diese sich dadurch zurückziehen. Im familiären Umfeld halten sie sich die Familienmitglieder oft durch leicht beleidigenden, abwertenden und ihre *(vermeintliche)* Überlegenheit ausdrückenden Sprachgebrauch vom Leibe. Häufig trainieren sie ausgiebig ihre Körperkraft, damit sie sich notfalls selbst verteidigen können. Intellektuell versucht vor allem die männliche *sexuelle Sechs*, andere durch ihr Wissen und ihr logisches Denken zu beeindrucken. Mitunter testen und provozieren sie andere verbal und demonstrieren dabei, wenn nötig, wie hart und durchsetzungsstark sie sind. Darin erinnern sie oft sehr stark an *Typ 8*, mit dem sie häufig verwechselt werden. Manchmal schüchtern sie andere mit ihren direkten oft aggressiv gefärbten Worten einfach so ein oder flüchten sich in Wutanfälle. Versuchen andere sich ihnen gegenüber Vorteile zu verschaffen, setzen sie blitzschnell ihren ausgeprägten Verstand, ihre oft fast schon klebrige Beharrlichkeit sowie ihre Leidenschaft und ihren Kampfgeist („Kämpfer") ein, sodass andere es bei ihnen nicht schaffen und vorzeitig aufgeben. Frauen dieses *Subtyps der Sechs* geben sich hingegen eher verführerisch oder hilfsbedürftig, wenn sie sich gegenüber ihren Mitmenschen unsicher, hilflos und ausgeliefert fühlen und erinnern dabei an *Typ 2*. Und doch wohnt den weiblichen sexuellen Sechsern ebenfalls eine große nach außen demonstrierte Stärke inne, die wir so bei *Typ 2* nicht dauerhaft erleben. Sie können also durchaus auch hart und einschüchternd sein, benutzen aber zunächst lieber erst ihre weiblichen Attribute von Schönheit und Attraktivität, um sich zu schützen oder ihre Ziele durchzusetzen. Beruflich sucht sich die *sexuelle Sechs*, sowohl die weibliche als auch die auch die männliche Variante, aufgrund ihres starken Bedürfnisses nach Unabhängigkeit von anderen gern eine selbständige Tätigkeit und ist dann lieber ihr eigener Chef. In einer solchen Position fühlt sie sich dann sicher, stark und einflussreich. Frauen dieses Untertyps werden häufig bewundert für ihren ausgeprägten Sinn für Ästhetik, ihren guten Geschmack und ihren beruflichen Erfolg.

19. Der Charakter der selbsterhaltenden Sieben (Abkürzung: SE 7 - Genussmensch)

Die innere **Leidenschaft der Völlerei** sowie *jegliche Formen des Spaßes und der Maßlosigkeit* werden bei dieser Variante des Siebeners hauptsächlich auf *üppige, familiäre und dem guten Leben und den Sinnesfreuden* zugeneigte *Art und Weise* ausgelebt.

19.1 Beschreibungen der Selbsterhaltungs-Variante der Sieben

Der Genussmensch (frz. Bonvivant = „ein gut Lebender"), der Gourmand (Schlemmer), der Familienmensch (die erweiterte Familie, das Clan-Mitglied), der Sinnesfreudige

19.2 Hauptthemen der selbsterhaltenden Sieben

Essen und Trinken, erweiterte Familie, Halt und Sicherheit im Clan, Bündnisse, Geschäfte, Abwehrgemeinschaft

19.3 Darstellung der selbsterhaltenden Siebener-Variante

Dieser *Untertyp der Sieben (= Normaltyp)* liebt einen üppigen Lebensstil im Kreise seiner Familie und seinen Freunden. Betont wird hier das Teilen von guten Ideen und Gesprächen, das Zubereiten ausgiebiger Mahlzeiten und die Planung von Projekten, die Spaß bereiten bzw. garantieren. Die *selbsterhaltende Sieben* genießt also den Spaß, das Essen und Trinken im Rahmen ihres erweiterten Familienverbundes und kann sich dabei zum echten Schlemmer entwickeln. Probleme entstehen dabei durch schnell auftretende Erscheinungen des Übermaßes, also durch den Exzess von Sprechen, Essen oder sonstiger Stimulation. Es scheint bei diesem *Untertyp der Sieben* die *(magische)* Vorstellung zu bestehen, *„wenn ich nur die richtigen Gedanken und Pläne mache, wird alles gut gehen und mein Leben wird sich wunderbar entfalten."* Fließt die Leidenschaft der Unersättlichkeit in den selbsterhaltenden Instinkt, führt das zu einem Menschen, der sich als Mitglied einer erweiterten Familie aus Angehörigen und unterstützenden Freunden versteht.

19.4 Das Energiezentrum der Selbsterhaltungs-Sieben

Hier wirkt im Inneren die Energie der Leidenschaft der *(unbewussten)* Völlerei und der Unersättlichkeit in Verbindung mit dem selbsterhaltenden Instinkt, also Völlerei und Unersättlichkeit in Bezug auf die Selbsterhaltung. Völlerei, Maßlosigkeit und Unersättlichkeit mit dem instinktiven Schwerpunkt auf der Selbsterhaltung, also „selbsterhaltende Völlerei", bedeutet, dass die permanent vorhandene verborgene innere Völlerei *(Unersättlichkeit)* sich mit dem Selbsterhaltungsinstinkt koppelt und dadurch vermehrt zur Aufrechterhaltung einer erweiterten Familie führt, die das Ziel hat, Halt und Sicherheit im Familienverbund *(= Clan)* aufrechtzuerhalten.

19.5 Die Angstreduktion dieses selbsterhaltenden Subtyps der Sieben

Durch Streben nach Halt und Sicherheit im Kreise von positiven Vertrauten in Form der Familie und Gleichgesinnten *(„Nur wenn ich aus meinem engsten Beziehungsfeld alles Unangenehme ausschließen kann, ist mein Lebensgenuss gesichert!")* versucht der *SE 7*, seine Angst zu vermindern. Sein Streben nach Halt und Sicherheit im Clan wird umso stärker, je mehr ihm sein (Lebens-) Genuss in Angelegenheiten der Selbsterhaltung bedroht scheint.

19.6 Weitere wichtige Details zur selbsterhaltenden Sieben

Die *Selbsterhaltungsvariante der Sieben* ist also ein wahrer Bonvivant, ein ausgeprägter Genussmensch, der das *„gute Leben"* liebt. Freudig feiert er das Leben und genießt die sinnlichen Freuden, bevorzugt oft einen unkonventionellen Lebensstil *(wenn der Achter-Flügel mehr ausgeprägt ist)* oder eben auch feste familiäre Strukturen *(wenn der Sechser-Flügel mehr ausgeprägt ist)*. Kennzeichnend für diesen Untertyp ist, dass er in hohem Maße soziale Neigungen und Engagement in Beziehungen aufweist. Der Schwerpunkt der Aufmerksamkeit liegt hier auf der engeren Familie und dem näheren Freundes- und Bekanntenkreis. Dort suchen sie nach gleichgesinnten Leuten und beziehen ihr Selbstbewusstsein durch fröhliche, unbeschwerte menschliche Kontakte, die sie stimulieren und aufbauen können. Mit starkem *6er-Flügel* zeigen sie eine besondere Affinität zu ihrer engeren (Ursprungs-) Familie, verhalten sich ihr gegenüber auffällig loyal, verteidigen sie wenn nötig in besonderem Maße und gewinnen große Sicherheit durch die häusliche Gemeinschaft. Ohne diesen aus-

geprägten 6er-Flügel mit einer zur Unabhängigkeit neigenden Tendenz zum *Achter-Flügel* findet man diesen Untertyp häufig auf Partys oder an anderen Orten, an denen man potenziell viele Beziehungen knüpfen kann, denn Beziehungen jeglicher Art geben diesem *Untertyp der Sieben* ein starkes Gefühl von Lebendigkeit. In allen Fällen besteht jedenfalls eine starke Tendenz, freundschaftliche Bündnisse und Geschäfte im Rahmen von eingeschworenen Abwehrgemeinschaften jedweder Art abzuschließen. Diese parteilichen Bündnisse und opportunistischen Geschäfte dienen der Selbsterhaltung ganz nach dem Motto *„Eine Hand wäscht die andere!"*. Sie nutzen die passenden Gelegenheiten zur gegenseitigen Unterstützung und machen gemeinsam gute Geschäfte, denn nur im Clan gibt es ihrer Meinung nach die notwendige Hilfe zum Überleben. Das Motto lautet dabei in etwa: *„Ich werde für dich Familie/Clan sein und ich erwarte, dass du für mich Familie/Clan sein wirst.")* Nur im Clan gibt es Unterstützung, nicht außerhalb. Die Funktion des Clans besteht darin, die innere Bedrohung der Selbsterhaltung innerpsychisch zu kompensieren. Nach außen geben sie sich warm, charmant, liebevoll, freundlich und sozial – nach innen können sie durchaus antisoziale Züge entwickeln. Der *Siebener*, speziell der *selbsterhaltende Untertyp der Sieben* wird nicht umsonst auch als sog. *„versteckte Acht"* bezeichnet, denn im Zweifel kümmert er sich nicht um Regeln oder legt diese einseitig vorteilhaft für sich selbst aus, verhält sich opportunistisch und sein hellwacher Geist ist immer offen für günstige Gelegenheiten, um das materiell Erarbeitete nicht zu verlieren, sondern vielmehr möglichst weiter zu vermehren. Schon aus Eigeninteresse bildet er Allianzen *(Abwehrgemeinschaften)*, innerhalb derer es wie schon erwähnt um gegenseitige Unterstützung geht, außerhalb des Clans ist man nämlich auf sich allein *(„kalt-")* gestellt. Aufgrund seines versteckten achterähnlichen Dominanzanspruches fühlt er sich als Inhaber der selbstgebauten Burg, ist recht materialistisch veranlagt und in seiner umtriebigen und geschäftstüchtigen Art innerhalb des Clans kann er im schlimmsten Fall mafiaähnliche Strukturen aufbauen. Seine Mottos lauten: *„Ich verbünde mich, also bin ich!" „Ich ergreife günstige Gelegenheiten, also bin ich!"* Es sind Menschen, die oft Freundlichkeit vortäuschen, um ihre materiellen Vorstellungen verwirklichen zu können und um sich nicht von vornherein verdächtig zu machen. Ihre wahren Absicht des materiellen oder sonstigen Vorteils verstecken sie auf diese Weise so lange wie möglich *(= Völlerei wird verschleiert!)*. Daraus kann in Zeiten großer Unbewusstheit eine versteckte Psychopathologie erwachsen, die dadurch gekennzeichnet ist, dass der *SE 7* wenig bis gar keinen Sinn für Spiritualität und inneres Wachstum aufzubringen vermag und sein Leben einzig und allein dem wirtschaftlichen Wohlstand widmet. Gerade der *Typ 7* neigt ohnehin wie sein Nachbar der *selbsterhaltende Achter* zu einer verstärkten einseitig materialistischen Sichtweise und Gesinnung. Aufgrund des Selbsterhaltungsinstinkts wird diese Einseitigkeit beim *SE 7 (und natürlich auch beim SE 8)* unbewusst noch deutlich verstärkt. Es sind nach außen freundliche, berechnende, „kalte" opportunistische und pragmatische Menschen.

19.7 Dynamische Beschreibung der Selbsterhaltungs-Sieben

Der *selbsterhaltende Siebener* mag sein Zuhause als sicheren Ausgangspunkt, wo alle die gleichen Werte und Interessen teilen und einander gegenseitig unterstützen. Innerhalb des Familienverbundes ist er häufig derjenige, der die Leute unterhält, unterstützt und bei guter Laune hält. Aufgrund seiner lebendigen Vorstellungskraft und Phantasie ist es für ihn normalerweise genauso schön, ein spannendes Erlebnis, eine schönen Ausflug oder ähnliches Angenehmes zu planen oder sich daran zu erinnern wie das schöne Erlebnis selbst.

Der *selbsterhaltungsorientierte Siebener* findet es besonders schön, wenn seine Verwandten und Freunde ebenso positiv denken wie er selbst. Er ist gern spontan, doch plant er auch gern im voraus, um sicherzugehen, dass er seine Liebsten regelmäßig treffen kann und er ja nichts verpasst. Nimmt er Risiken in Kauf, handelt es sich meist um kalkulier- und überschaubare Wagnisse, denn einfach so leichtfertig wie es nach außen hin manchmal erscheint ist dieser *Subtyp der Sieben* aufgrund seiner stark materialistischen Sichtweise auf keinen Fall. Er verbringt sehr viel Zeit im Haus und im Garten, ist sehr heimatverbunden, bodenständig, konservativ und traditionellen Werten zugeneigt.

20. Der Charakter der sozialen Sieben (Abkürzung: SO 7 - Visionär)

Die innere **Leidenschaft der Völlerei** sowie *jegliche Formen des Spaßes und der Maßlosigkeit* werden bei dieser Variante des Siebeners hauptsächlich auf *soziale, selbsteinschränkende und mitunter aufopfernde Art und Weise* ausgelebt.

20.1 Beschreibungen der Sozial-Variante der Sieben

Der (utopische) Visionär, der (soziale) Märtyrer, der Seher, der phantasievolle Planer, die „Einschränkung/Beschränkung"

20.2 Hauptthemen der sozialen Sieben

Einschränkung/Beschränkung, Selbstbegrenzung, Aufopferung für die Familie, sozialer Idealismus, utopische Visionen, Kontra-Völlerei

20.3 Darstellung der sozialen Siebener-Variante

Dieser *Untertyp der Sieben (= Kontratyp)* lebt in einem gewissen Dilemma: Einerseits braucht er dringend seine Familie, seine Freunde sowie seine Zugehörigkeit zu einer sozialen Gruppe. Andererseits muss er sich dafür in gewisser Hinsicht einschränken in seiner Liebe zum (Lebens-) Genuss. Die Lösung liegt für ihn in der Entwicklung des *sog. sozialen Idealismus.* Als *Kontratyp* schwört er dabei den weltlichen Genüssen zum Wohle der sozialen Gemeinschaft ab *(sog. Kontra-Völlerei).* Das verlangt mitunter einige Opfer im Rahmen der Verlockungen des Lebens, was die *soziale Sieben* oft darin einschränkt, sich in ihren persönlichen Gefühlen und Bedürfnissen auszudehnen. Sie muss sich also notgedrungen in ihrem Hang zur Genusssucht zugunsten der Familie oder Gruppe einschränken, hat dabei aber immer gute Ideen und Pläne bezüglich der eigenen persönlichen Entwicklung in der Zukunft *(typisches Planen der 7!).* Hierunter fallen die vielen *„perfekten"* Ehefrauen und Ehemänner, die ihr ganzes Leben an nur einem Ort verbringen und ein und derselben Arbeit nachgehen. Sie opfern auf diese Weise ihre Faszination für neue Ideen für das Wohl ihrer Familie und ähneln darin ein wenig der *sozialen Sechs,* die sich aus Pflichtgefühl für die soziale Gemeinschaft *„aufopfert".* Daher wird dieser *Untertyp der Sieben* auch treffend als „Märtyrer" bezeichnet.

20.4 Das Energiezentrum der Sozial-Sieben

Hier wirkt im Inneren die Energie der Leidenschaft der *(unbewussten)* Völlerei und der Unersättlichkeit in Verbindung mit dem sozialen Instinkt, also Völlerei und Unersättlichkeit

in Bezug auf das soziale Miteinander. Völlerei, Maßlosigkeit und Unersättlichkeit mit dem instinktiven Schwerpunkt auf gesellschaftliche und soziale Angelegenheiten, also „soziale Völlerei", bedeutet, dass die permanent vorhandene verborgene innere Völlerei (Unersättlichkeit) sich mit dem sozialen Instinkt koppelt und dadurch im Rahmen der sozialen Gruppe vermehrt zur Abwehr des genusssüchtigen inneren Anteils *(sog. Kontra-Völlerei)* führt, ferner zum Bedürfnis zu gefallen durch Gutsein und einer ausgeprägten Opferbereitschaft bis hin zur bereits beschriebenen sozialen Märtyrerhaltung. Als *Kontratyp* kämpft die *soziale Sieben (unbewusst)* gegen das ihr innewohnende Prinzip der Völlerei, Unersättlichkeit und Unmäßigkeit an, denn dieses ist nur sehr schwer mit dem ihr innewohnenden sozialen Instinkt zu vereinbaren.

20.5 Die Angstreduktion dieses sozialen Subtyps der Sieben

Durch Abwehr des eigenen „inneren Völlerers", durch Opferbereitschaft und eine ausgeprägte Märtyrerhaltung *(„Nur wenn ich härter arbeite als alle anderen, mich für meine Familie und das Gemeinwohl aufopfere und mich selbst begrenze, ist mein Lebensgenuss gesichert!")* versucht der *SO 7*, seine Angst zu vermindern. Als *Kontratyp* negiert er paradoxerweise den genusssüchtigen inneren Anteil in ihm, um seinen Lebensgenuss für die Belange seiner sozialen Gemeinschaft zu opfern, denn sonst würde er in Kontakt mit seiner Angst kommen, die tief in ihm schlummert *(umgewandelte Kopfenergie)*.

20.6 Weitere wichtige Details zur sozialen Sieben

Indem er durch „Gutsein" innerhalb seiner Familie und im Rahmen seiner Freundschaften sein Bedürfnis zu gefallen befriedigt, ähnelt der *sozialorientierte Siebener* in seinem äußeren Verhalten in gewisser Weise auch dem *selbsterhaltenden Dreier* in dessen Gefallsucht *(Eitelkeit)*, ein tugendhafter Mensch zu sein. Doch der *soziale Siebener* ist nicht motiviert von Eitelkeit, sondern von dem inneren Prinzip der Unersättlichkeit, die er sozusagen durch Gutsein zu anderen Menschen durch diese lebt ganz nach dem Motto: *„Geht es nur meinen Mitmenschen gut, dann wird es auch mir gut gehen!"* Man bezeichnet den *sozialen Siebener* auch als „utopischen Visionär" oder „Seher", denn er ist ein phantasievoller Planer, der sich immer auch eine bessere Zukunft vorstellt. Kennzeichnend für ihn ist, dass er häufig im Spannungsfeld zwischen der verantwortlichen Pflicht anderen gegenüber und dem Wunsch, einer unangenehmen Situation zu entfliehen, steht. Obwohl er sich stets gegenüber seinen Mitmenschen, um die er sich kümmern möchte, besonders verantwortlich fühlt, empfindet er sie zugleich auch als begrenzende Belastung, weil er immer auch für sich selbst nach Abwechslung, Veränderung und Erfüllung seiner Bedürfnisse sucht. Er bekommt dann anderen gegenüber sehr schnell Schuldgefühle, flieht mitunter vor den Verantwortlichkeiten des Lebens und seinen Pflichten und wird in unbewussteren Phasen seines Lebens zunehmend verantwortungsloser. In bewussteren Zeiten seines Lebens ist er hingegen sehr stabil, großzügig, sozial engagiert und voller innerer Stärke für seine Familie, Freunde und Bekannten, mitunter kann er sogar auf seine idealistische Weise über sich selbst hinauswachsen. Sein Verlangen zu gefallen durch Gutsein gegenüber seiner Familie sowie seiner sozialen Gruppe basiert auch auf einer Sehnsucht nach Anerkennung und Aufmerksamkeit. Dieses Streben steht in krassem Gegensatz zum opportunistischen, unersättlichen und selbstsüchtigen inneren „Schweinehund", der sich allzu gern der Völlerei hingeben würde. Trotz dieser eigenen inneren Begierden möchte der *soziale Untertyp der*

Sieben andere nicht ausbeuten und so wird die innerlich versteckte Unersättlichkeit umgeformt in das Bedürfnis zu gefallen, in menschliche Reinheit und sozialen Idealismus. Das geht erfahrungsgemäß nicht selten einher mit einem gewissen Narzissmus (*„Seht, wie gut ich bin!"*). Weil sie sich gern für andere Menschen engagieren und aufgrund ihrer allgemein eher antikonventionellen, pragmatischen Wesensart sind sie manchmal *„sanfte Revolutionäre"*, die bei ihrem Einsatz für andere Menschen für diese im Einzelfall große Veränderungen bewirken können. Auf diese Weise arbeiten sie oft sehr viele Stunden am Tag mit einem charakteristischen Verlangen nach sozialer Anerkennung, aus Angst, sonst nicht geliebt zu werden. Sie opfern also ihren Hang zur Völlerei für ihren ausgeprägten Idealismus. Ihre Mottos lauten in etwa: *„Ich bin gut, also bin ich!" „Ich bin sozial, also bin ich!" „Ich halte Maß, also bin ich!"* Sie wollen immer anderen zu sehr gerecht werden und denken zu wenig an sich selbst, ähnlich wie *Typ 9*, mit dem sie deshalb auch manchmal verwechselt werden. Es sind insgesamt betrachtet freundliche, hilfsbereite, „gute" milde, „warme" empathische, und intellektuelle Menschen.

20.7 Dynamische Beschreibung der Sozial-Sieben

Der *sozialorientierte Siebener* kann sich aufgrund seiner *Aufopferungsmentalität* und seinem großen sozialen Idealismus gut vorstellen, dass er für eine bestimmte Sache oder ein Prinzip einfach alles auf`s Spiel setzen würde. Manchmal zögert er, seine guten Absichten und Pläne auch zu verwirklichen, besonders dann, wenn das ein Stück seiner Freizeit in Anspruch nehmen würde, denn er hat ja ohnehin schon so viel um die Ohren. So versucht er vielmehr, seine eigene Erlebnislust zurückzuhalten und sich in erster Linie um seine Familie, seinen Freundeskreis, seine berufliche Karriere oder um sonstige gerade anliegende bestimmte Angelegenheiten zu kümmern. Im Grunde empfindet der *SO 7* es als äußerst unangenehm und belastend, sich für die Menschen um sich herum verantwortlich zu fühlen, mag andererseits aber besonders Freundschaft, Kameradschaft und Brüderlichkeit. Wenn aber jemand versucht, ihn zu kontrollieren oder ihn zu etwas zu zwingen, fühlt er sich schnell in seiner Freiheit beraubt und kann das überhaupt nicht ausstehen. Ansonsten kann er als pragmatisch orientierter Mensch auch ein durchaus ungeduldiger Zeitgenosse sein, denn er möchte oft immer am liebsten sofort etwas unternehmen oder tun, anstatt Zeit damit zu verschwenden, mit anderen herumzustreiten, wie die Angelegenheiten des Lebens getan werden sollten. Der *sozialorientierte Siebener* steht demzufolge oft in dem Spannungsfeld zwischen Ungeduld und Idealismus. Aufgrund seines ausgeprägten Idealismus regt ihn die Ungleichheit unter den Menschen besonders auf. Er wünscht sich, dass es keine soziale Rangordnung mehr zwischen den Menschen gibt und gesellschaftlich mehr Gerechtigkeit herrscht. Im Allgemeinen verfügt er über einen sehr großen Freundeskreis und hält sich gern an alle gesellschaftlichen Neuerungen.

Ü

84
85
86
87

21. Der Charakter der sexuellen Sieben (Abkürzung: S 7 - Gauner)

Die innere **Leidenschaft der Völlerei** sowie *jegliche Formen des Spaßes und der Maßlosigkeit* werden bei dieser Variante des Siebeners hauptsächlich auf *charmante, abenteuerliche und beeinflussbare Art und Weise* ausgelebt.

21.1 Beschreibungen der Sexual-Variante der Sieben

Der Gauner, der Charmeur (Herzensbrecher), der Abenteurer, der Weltenbummler, der vielseitig Interessierte, der Begeisterte, der Faszinierte

21.2 Hauptthemen der sexuellen Sieben

Faszination, Beeinflussbarkeit, Träume, Ideale, emotionale Oberflächlichkeit, erbauen von Luftschlössern, „monkey mind", Suche nach Erleuchtung und Erfüllung

21.3 Darstellung der sexuellen Siebener-Variante

Dieser *Untertyp der Sieben (= Verstärkungstyp)* zeichnet sich durch Beeinflussbarkeit in beide Richtungen aus: Einerseits kann er sehr rasch von anderen beeinflusst werden durch die Anziehungskraft von Menschen und Dingen *(Produkten)*, den Reiz neuer Ideen, Abenteuern oder sonstiger Verlockungen des Lebens, wobei er emotional sehr schnell in einen Zustand von Faszination oder einseitiger „Mitgenommenheit" verfällt. Das Feuer der Begeisterung entzündet sich bei diesem Untertyp also sehr schnell, er ist oft äußerst schnell „hypnotisiert" von neuen Dingen und Situationen ohne große gedankliche Reflexion und saugt sie wie ein Schwamm auf. Auf der anderen Seite besitzt er auch eine große Stärke, andere Menschen zu beeinflussen und nutzt dabei seinen ausgeprägten Charme, eine oft liebreizende Art der Kommunikation, um Menschen in seinen Bann zu schlagen und ihnen neue interessante Möglichkeiten für ihr Leben aufzuzeigen. Aber auch im alltäglichen Bereich des Kaufens oder Verkaufens *(sie sind gute Verkäufer und Händler!)* und auch innerhalb von Beziehungen und Freundschaften haben sie ein großes Talent und können andere Menschen schnell für sich und ihre Belange gewinnen. Ihr Verstand ist pausenlos aktiv und schwingt sich quasi wie ein Affe von Ast zu Ast, ohne je den Boden zu berühren *(sog. „monkey mind")*. Sie können sich daher nicht allzu lange auf nur eine einzige Sache konzentrieren, was in unbewussteren Zeiten des Lebens zu einer gewissen Oberflächlichkeit mit einem Hang zur charmanten Lüge und allgemein zur Scharlatanerie führen kann. Kurzzeitig können sie allerdings großes zwischenmenschliches Interesse zeigen, wenn man ihnen nicht allzu viel von den eigenen Problemen erzählen möchte, denn die *sexuelle Sieben* begibt sich nicht allzu gern tief in den Schmerz, weder in den von anderen noch in den eigenen. Oft finden wir unter den *sexuellen Siebenen* auch sehr spirituelle Menschen auf dem aktiven Weg zur Erleuchtung im Rahmen von Reisen durch die ganze Welt *(Weltenbummler)*.

21.4 Das Energiezentrum der Sexual-Sieben

Hier wirkt im Inneren die Energie der Leidenschaft der *(unbewussten)* Völlerei und der Unersättlichkeit in Verbindung mit dem sexuellen Instinkt, also Völlerei und Unersättlichkeit in Bezug auf Beziehungen und Sexualität. Völlerei, Maßlosigkeit und Unersättlichkeit mit dem instinktiven Schwerpunkt auf Beziehungen und Sexualität, also „sexuelle Völlerei", bedeutet, dass die permanent vorhandene verborgene innere Völlerei (Unersättlichkeit) sich mit dem sexuellen Instinkt koppelt und dadurch vermehrt zu genussorientiertem Optimismus in Beziehungen führt, zu Träumen und Idealen, zur erhöhten Reizempfänglichkeit und Beeinflussbarkeit *(leichte „Entflammbarkeit" und Leichtgläubigkeit)*.

21.5 Die Angstreduktion dieses sexuellen Subtyps der Sieben

Durch genussorientierten Optimismus in Beziehungen, durch Beeinflussung sowie Faszination (*„Nur wenn ich meine Mitmenschen mit meiner Begeisterung anstecken und von meinen Ideen überzeugen kann, ist mein Lebensgenuss gesichert!"*) versucht der *S 7*, seine Angst zu vermindern. Als *Verstärkungstyp der Sieben* verfügt dieser Untertyp über eine fast grenzenlose Energie und kann selbst nach erschöpfenden längeren Aktivitäten seinen energetischen Akku wieder sehr schnell nahezu vollständig aufladen. Schon kurze Ruhezeiten genügen ihm dann schon, um danach wieder voller Tatendrang und guter Laune die Welt zu erkunden.

21.6 Weitere wichtige Details zur sexuellen Sieben

Er erbaut sehr gern Luftschlösser und plant in seiner häufig unbefangenen Art umfangreiche Unternehmungen, die er sich sehnlich erträumt oder herbeiwünscht. Bei vernünftiger Betrachtung scheinen diese geplanten Projekte dem außenstehenden Dritten häufig völlig unrealistisch, aber durch seine Unbefangenheit erlebt der *sexuelle Siebener* auch Dinge, die ein *„Normalbürger"* sich eben nicht erträumen kann und damit auch niemals erleben wird. So schwimmt der *beziehungsorientierte Siebener* allzu gern im Pool der Möglichkeiten. Im besten Fall hat der *sexuelle Siebener* etwas sehr Charmantes und Anziehendes an sich und eine unglaubliche magische Wirkung auf den jeweiligen Beziehungspartner (*Charmeur, Herzensbrecher*), im schlechtesten Falle kann er allerdings auch auf Kosten anderer versuchen, sich durch kleine Betrügereien einen gewissen Vorteil zu verschaffen, indem er die Unwissenheit bzw. die Unaufmerksamkeit anderer auszunutzen weiß. Daher wird er auch als „Gauner" bezeichnet oder auch als „Scharlatan". Aber im Allgemeinen wandert die *sexuelle Sieben* auf charmante Art durch das Leben nach dem Motto *„Liebe mich oder verlasse mich!"* Sie ist wunderbar anpassungsfähig, aber aufgrund ihrer unverbindlichen Wesensart als Mensch und Person oft schwer zu fassen. Kennzeichnend ist, dass sie zum Garnieren, Dekorieren und Verzieren der Realität mithilfe ihrer starken Phantasie zulasten der Wirklichkeit tendiert. Ihren *(jeweiligen)* Partner nimmt sie mitunter durch einen Schleier der Phantasie wahr und intime Beziehungen werden als ein gemeinsames experimentelles Abenteuer empfunden. Ständig werden umfangreiche Phantasien auf den Gegenüber projiziert bis hin dazu, dass dieser Untertyp mit der einfachen Realität in unbewussteren Lebensphasen irgendwann einmal gar nicht mehr klarkommt. Um die Gegenwart zu vermeiden, verirrt er sich dann in wirre Zukunftsphantasien und kann dabei eine faszinierende, geradezu manische Begeisterung an den Tag legen. Dabei wirkt er auf andere schon manchmal wankelmütig und frivol, ablenkbar und unpersönlich. Süße Träume und Ideale stehen dann im krassen Gegensatz zur schlichten Realität, aber das dringende innere Bedürfnis zu phantasieren (*Völlerei in Form von Träumen und Idealen*) kann mitunter grenzenlos werden. Auf diese Weise werden parallele Wirklichkeiten erschaffen, was diesem Untertyp unglaubliche Befriedigung und Vergnügen verschaffen kann. Sie fühlen sich dann nicht mehr irdisch, sondern himmlisch gut. Dahinter steckt die ausgeprägte Leidenschaft, sich etwas Besseres vorzustellen als die schlichte Wirklichkeit. Von seiner Ausstrahlung her verfügt der *sexuelle Siebener* über einen immensen Optimismus und gleicht darin einem Menschen, der ständig Gefühle von Verliebtheit empfindet. Trotz widriger Umstände strahlt er Enthusiasmus, Freude, Glück und Zufriedenheit auch in dunkleren Zeiten des Lebens aus und sieht alles durch eine „rosarot-gefärbte Brille". Seine Mottos lauten: *„Ich*

bin o.k., also bin ich!" „Du bist o.k., also bin ich!" „Alle anderen sind o.k., also bin ich!" So malen sie wie ein Kind die graue Wirklichkeit mit bunten Farben an. Es sind träumende, idealisierende, „heiße", aktive und dominante Menschen, die durch ihre positive Ausstrahlung in gesunden und bewussten Zeiten für andere Menschen zu einem besonders hellen und leuchtenden Licht werden können.

21.7 Dynamische Beschreibung der Sexual-Sieben

Der *sexuell-aggressive Siebener* mag ähnlich wie der *sexuelle Sechser* gern die Herausforderungen des Lebens, besonders aber, wenn etwas Aufregendes oder Außergewöhnliches in seinem Leben geschieht. Manchmal treibt er, ebenfalls ähnlich dem *sexuellen Sechser*, die Dinge auf die Spitze oder veranlasst andere auf eine gewisse manipulative Weise dazu, das zu tun, was er sich in den Kopf gesetzt hat. Er mag alles, was außergewöhnlich, intensiv, ausdrucksstark, leuchtend, vielschichtig, anspruchsvoll oder auch ästhetisch schön ist. Manchmal zeigt sich der *S 7* verführerischer, als er eigentlich beabsichtigt hat und verstrickt sich auf diese Weise oft stärker in zwischenmenschliche Beziehungen, als es ihm eigentlich lieb ist. Der *beziehungsorientierte Siebener* ist immer auf der Suche nach faszinierenden Menschen und spannenden außerordentlichen Erlebnissen. Wenn die Beziehung zu einem anderen Menschen ihren Zauber verliert, tendiert er dazu, den anderen in ein romantisch-verklärendes Licht zu setzen, um seine große Abneigung gegenüber der eigenen Langeweile nicht spüren zu müssen. Oft fühlt sich der *S 7* einfach zu stark gefangen von äußeren Einflüssen sowie in seiner Freiheit beraubt und sucht dann schnell das Weite. Ab und zu erkennt er ganz deutlich die Diskrepanz zwischen seinen hohen Idealen von einer Beziehung und der Realität und kann sich im Einzelfall darüber sehr echauffieren. Es macht ihn geradezu unglücklich, wenn sein Partner an den gemeinsamen Erlebnissen und sonstigen aufregenden Ereignissen nicht wirklich Anteil nimmt. Das Siebener-Spaßprinzip ist hier universell betrachtet in vollem Umfang am Werk *(Verstärkungstyp der Sieben)*.

22. Der Charakter der selbsterhaltenden Acht (Abkürzung: SE 8 - Gewichtheber)

Ü
84
85
86
87

Die innere **Leidenschaft der Gier** sowie *jegliche Formen der Macht, der Begierde und der Kontrolle* werden bei dieser Variante des Achters hauptsächlich auf *exzessiv materialistische und egoistische Art und Weise* ausgelebt.

22.1 Beschreibungen der Selbsterhaltungs-Variante der Acht

Der Gewichtheber, der Unabhängige (Autonome), der (materialistisch) Exzessive, der Überlebenskünstler, der nach Eigentum und Besitz Strebende

22.2 Hauptthemen der selbsterhaltenden Acht

Streben nach Selbstbestimmung (Autarkie), exzessive Befriedigung, Besitzstreben und -kontrolle, übertriebener materieller Egoismus, befriedigendes Überleben, Schutz

22.3 Darstellung der selbsterhaltenden Achter-Variante

Die 8er-typische Aggression sowie der Hang zum Exzess münden bei diesem *Untertyp der Acht (= Normaltyp)* in die Themen *„physisches Überleben"* und *„materielle Sicherheit"*. Mehr

noch als die *selbsterhaltende Sieben* neigt dieser Untertyp zum Übermaß. In einer aus seiner Sicht feindlichen Welt kann man aus seiner Sicht im Überlebenskampf nur obsiegen oder verlieren. Freunde und Familie werden intensiv beschützt, aber im Gegenzug eben dadurch auch stark kontrolliert. Es besteht ein innerer Drang zur territorialen Ausweitung und Erlangung von materiellem Besitz, Wohlstand und Vorräten wie bei keinem anderen Untertyp des Enneagramms. Ihre Grundbedürfnisse müssen immer in exzessiver Weise befriedigt werden, sonst können sie sich einfach nicht wohlfühlen. In ihrem Besitzstreben verpassen sie dabei leider das Leben und verschließen sich lebendigen zwischenmenschlichen Beziehungen.

22.4 Das Energiezentrum der Selbsterhaltungs-Acht

Hier wirkt im Inneren die Energie der Leidenschaft der *(unbewussten)* Wollust und der Gier in Verbindung mit dem selbsterhaltenden Instinkt, also Wollust und Gier in Bezug auf die Selbsterhaltung. Wollust, Gier und Besitzstreben mit dem instinktiven Schwerpunkt auf der Selbsterhaltung, also „selbsterhaltende Wollust", bedeutet, dass die permanent vorhandene verborgene innere Wollust *(Gier)* sich mit dem Selbsterhaltungsinstinkt koppelt und dadurch vermehrt zum absoluten Verlangen nach einem befriedigenden Überleben und dem Streben nach Selbstbestimmung führt. Die *Selbsterhaltungs-Acht* beschützt und kontrolliert auf diese Weise ihren Lebensraum und ihre Familie.

22.5 Die Angstreduktion dieses selbsterhaltenden Subtyps der Acht

Durch Streben nach Selbstbestimmung und Befriedigung („*Nur wenn ich mein Leben selbst sichern und mir meine eigenen, autarken Bereiche schaffen kann, dann behalte ich die Kontrolle über mein Leben!*") versucht der *SE 8*, seine Angst zu vermindern. Nur durch die im Außen gelebte Autarkie kann das Gefühl der bedrohten Selbsterhaltung einigermaßen kompensiert werden.

22.6 Weitere wichtige Details zur selbsterhaltenden Acht

Der *selbsterhaltende Achter* wird auch gern „der Gewichtheber" bezeichnet, denn nicht nur in der äußeren Erscheinung ist er sehr oft etwas kräftiger gebaut (z.B. *häufig kräftig ausgeprägte Nackenmuskulatur mit Fettgewebeansammlung im Bereich des Nackens, sog. „Stiernacken"*), sondern auch energetisch wirkt er häufig körperlich sehr präsent, stark und mächtig. Es sind starke, unabhängige Überlebenskämpfer, die *„die Umgebung sichern"*, um die ihnen zugehörigen Menschen zu beschützen. Typisch ist auch, dass sie sich für alle möglichen Notfälle immer einen passenden Plan bereithalten. Häufig wachsen sie in ärmlichen Verhältnissen auf oder in einer Umwelt, in der der Überlebenskampf auf der Tagesordnung liegt, es fehlen oft Geld oder Lebensmittel und sie werden geprägt von der Sorge ums Überleben. Sie neigen im Allgemeinen sehr stark dazu, ihre unmittelbare Umgebung zu kontrollieren, ja zu dominieren und den Wert von Dingen höher einzuschätzen als den Wert von Menschen. Wichtige Themen sind bei ihnen die Aufrechterhaltung der Ordnung und der materiellen Sicherheit. Sie haben meistens eine intensive Verbindung zum *Enneagrammpunkt 5* und so findet man häufig eine ausgeprägte Sammelleidenschaft, vornehmlich für wertvolle Gegenstände. Das Leben ist aus ihrer Sicht ein Dschungel und nur die Starken überleben darin (*Überlebenskünstler*). Die Lebensumstände stellen sich aus Perspektive dieses *Untertyps der Acht* oft bedrohlich dar, fast schon wie in einem Krieg. Die

unbedingte Befriedigung der Selbsterhaltungsbedürfnisse steht somit immer an erster Stelle für sie. Dahinter steckt ein übertriebener Egoismus, der in unbewussten Lebensphasen besonders stark ausagiert werden muss ganz nach dem Motto: *„Ich muss meine Bedürfnisse der Selbsterhaltung unbedingt befriedigen und will keine Frustration dabei zulassen!"* Diese gierige Haltung kann mitunter stark an die habsüchtige geizige Haltung des *Typs 5* erinnern, weshalb gerade dieser *Untertyp der Acht* mit *Typ 5* im Einzelfall verwechselt werden kann. Der *SE 8* will bei allen Menschen die Oberhand gewinnen, in ihm herrscht ein starker, unbedingter Wille, sein Territorium zu verteidigen und möglichst zu vergrößern. Der Hang zum Exzessiven *(Wollust)* ist hier weniger sichtbar ausgeprägt *(Normaltyp)*, es sind sehr gute Händler, die es verstehen, bei ihren Geschäften immer einen ordentlichen Gewinn herauszuschlagen. In ihrer ruhigen kontrollierten Ausstrahlung erinnern sie an einen majestätischen Löwen, der nur in Bewegung kommt, wenn er hungrig ist. Die *Selbsterhaltungs-Acht* kennt keine Wortspiele, ist direkt und weniger geistreich, für Quatsch nicht zu begeistern, wirkt eher kalt und gefühllos, wie ein Wolf im Schafspelz, denn ihr Thema ist einfach nur immer wieder die Befriedigung der Grundbedürfnisse *(„Ich muss es haben!",* *sehr stark ausgeprägter Haben-Modus)*. Es besteht eine große Intoleranz der Frustration gegenüber, das nicht zu erhalten, was man eben will und scheinbar dringend benötigt. Aufgrund des mächtigen 8er-Prinzips, welches in diesem Subtyp herrscht, kümmert er sich im Zweifel wenig um Normen der Gesellschaft *(sog. hyposoziale Gesinnung)*, weiß in den schwierigsten Situationen, wie man überlebt, wie man seinen großen Besitz erhält oder gar erweitert und auch wie man um bestimmte Dinge herumkommt. Sein inneres Erleben hält der *selbsterhaltende Typ der Acht* in aller Regel geheim vor seinen Mitmenschen, auch darin erinnert er an *Typ 5*. Mitunter hegt er durchaus auch böse Absichten, wenn es darum geht, sich das Stück vom Kuchen des Lebens abzuschneiden, was ihm seiner Ansicht nach unbedingt zusteht. Er vermag es dann wie ein Schachspieler, sehr strategisch und clever vorzugehen und Situationen einseitig für sich zu nutzen auf Kosten anderer. Sein Lebensmotto lautet: *„Ich nehme mir all das, was ich brauche, darum bin ich!"* Es sind wenig mitfühlende Menschen mit großer äußerlicher und innerer Rüstung (= *physisch und psychisch stark bewaffnet!)*, die zwischenmenschliche Gefühle weitestgehend ausblenden, also insgesamt gesehen tendenziell unsensible, gefühllose, „kalte" und pragmatische Menschen.

22.7 Dynamische Beschreibung der Selbsterhaltungs-Acht

Der *selbsterhaltende Achter* sorgt immer dafür, dass er genügend zu essen in der Vorratskammer hat, er es möglichst bequem hat *(Nähe zu Typ 9)* und für den Fall der Fälle Notvorräte vorhanden sind. Unabhängigkeit, Selbständigkeit und materielle Sicherheit sind sehr wichtig für ihn, in finanziellen und anderen Angelegenheiten möchte er sich nicht auf andere verlassen müssen und packt die Dinge daher lieber selbst und allein an. Den *selbsterhaltungsorientierten Achter* bringt es ziemlich durcheinander, wenn die Angelegenheiten in seinem Leben nicht planmäßig und wie erwartet ablaufen. Ferner nervt es ihn schnell, wenn er nicht tun und lassen kann, was er schon immer so getan hat. Besonders schlimm empfindet er es, wenn andere ihm bei seinen wirtschaftlichen Vorhaben im Wege stehen, dann kann er sehr aggressiv reagieren und eine starke Durchsetzungskraft entwickeln. Schutz und Bewahrung seiner körperlichen Integrität, seines materiellen Besitzes und auch seiner Familie und deren Wohlergehen sind Hauptthemen seines Lebens. Ansonsten scheint ein befriedigendes Überleben für ihn nicht gesichert. Gern nimmt er eine Beobachterposition ein und sucht sich dann einen Ort im Raum, von dem er das Gesamtgeschehen

gut überblicken kann, was ihm ein besonderes Sicherheits- und Machtgefühl verleiht. Auch versucht er immer sicherzustellen, dass niemand sich an plötzlich unvermittelt an ihn heranschleichen oder ihm zu nahe kommen kann.

23. Der Charakter der sozialen Acht (Abkürzung: SO 8 - Führer)

Die innere **Leidenschaft der Gier** sowie *jegliche Formen der Macht, der Begierde und der Kontrolle* werden bei dieser Variante des Achters hauptsächlich auf *loyal-freundschaftliche, sozial-antisoziale und gerechte Art und Weise* ausgelebt.

23.1 Beschreibungen der Sozial-Variante der Acht

Der (inspirierende) Führer, Anführer, der loyale Gruppenführer, der gerechte (ewige) Freund, der Wikinger, der Ohnmächtige, der Machtlose, der nach Gerechtigkeit Strebende

23.2 Hauptthemen der sozialen Acht

Freundschaft & Loyalität, Macht & Ohnmacht, Anführer, streitbare Gerechtigkeit, Gruppenzugehörigkeit, Herz für die Schwachen, sozial-antisozial

23.3 Darstellung der sozialen Achter-Variante

Bei diesem *Untertyp der Acht* (= *Kontratyp*) geht es primär um die Überwindung der Ohnmacht, der Machtlosigkeit und der Ungerechtigkeit, indem man sich mit einer Gruppe verbindet, für gewöhnlich in einer Führungsposition. Zorn, Aggression und Gefühle der persönlichen Ohnmacht werden dabei kanalisiert, indem man sich für die Befriedigung der Bedürfnisse der Gruppe einsetzt und dafür die allgemeine Tagesordnung bemüht. Loyalität zu Freunden und Gruppen ist das Hauptthema im Leben dieses *Untertyps der Acht*. Für die *soziale Acht* währt Freundschaft bis zum Tod, sie können sich auf unglaublich couragierte Art und Weise für ihre Liebsten einsetzen, dabei kann ihnen jedes Mittel recht sein.

23.4 Das Energiezentrum der Sozial-Acht

Hier wirkt im Inneren die Energie der Leidenschaft der *(unbewussten)* Wollust und der Gier in Verbindung mit dem sozialen Instinkt, also Wollust und Gier in Bezug auf das soziale Miteinander. Wollust und Gier mit dem instinktiven Schwerpunkt auf gesellschaftliche und soziale Angelegenheiten, also „soziale Wollust", bedeutet, dass die permanent vorhandene verborgene innere Wollust *(Gier)* sich mit dem sozialen Instinkt koppelt und dadurch vermehrt zum starken Bedürfnis nach Aufrechterhaltung von Freundschaften und Komplizenschaften führt, bei denen bei näherer Betrachtung allerdings oft nur der eigene Wille durchgesetzt wird. Als *Kontratyp* kämpft die *soziale Acht* (unbewusst) gegen das ihr innewohnende Prinzip der Wollust, der Schamlosigkeit und der Gier an und überträgt dieses Machtprinzip auf seine soziale Gruppe, indem er sich seinen Freunden und Mitstreitern stark verpflichtet fühlt und die Führung innerhalb der sozialen Gruppe übernimmt. So setzt er sich für andere ein und verbirgt damit erst einmal sehr geschickt seine 8er-tyischen Machtansprüche, die ihm selbst oft überhaupt nicht bewusst sind. Solange er die Rolle des *(uneingeschränkten)* Anführers innehat, fühlt er sich innerlich sicher und zufrieden und setzt sich oft rührend für seine Gefolgschaft ein. Stellt man diese Rolle aber in Fra-

ge, kann es im Umgang mit ihm sehr ungemütlich werden *(sog. Wikinger-Mentalität, gekennzeichnet durch Freundschaft, Härte, Teamgeist, Solidarität, Zusammenhalt, Hordenbildung).*

23.5 Die Angstreduktion dieses sozialen Subtyps der Acht

Dadurch, dass immer der eigene Wille durchgesetzt wird und durch den Einsatz für alle *("Nur wenn ich für alle bessere Verhältnisse schaffen kann, dann behalte ich die Kontrolle!")* versucht der *SO 8*, seine Angst zu vermindern.

23.6 Weitere wichtige Details zur sozialen Acht

Der *soziale Achter* wird auch der „inspirierende Anführer" genannt, der stets mit gutem Beispiel vorangeht, aber Selbstbeherrschung üben muss, damit er es mit der Unterstützung nicht übertreibt und daraus dann schnell ein Widerstand gegen die herrschenden Verhältnisse wird. Kennzeichnend für ihn ist, dass er sich sehr um Klarheit bemüht und immer bereit ist, sich mit Freunden auseinanderzusetzen, um Unklarheiten zu vermeiden. Er ist gern unter vielen Menschen, denn die Loyalität zu Freunden und das Gefühl von Zugehörigkeit zu einer Bezugsgruppe bedeutet ihm wie gesagt sehr viel. Erfährt diese Gruppe von außen in irgendeiner Weise eine Bedrohung, stellt er sich sofort gegen diese Bedrohung und kann dabei durchaus unangemessen, mitunter gar sehr feindselig reagieren *(sozial - antisozial).* Oft besteht eine starke Verbindung zum *Enneagrammpunkt 2*, daher können sie sich von allen Achtern auch am ehesten entschuldigen, auch wenn das natürlich nicht unbedingt ihrer Natur entspricht. Sie sind als Angehörige des sozialen Instinktes auch wohl die intellektuellsten von allen Achtern, daher können sie auch mit Worten äußerst überzeugend wirken und ihre „Gegner" damit schnell und direkt außer Gefecht setzen. Im Zusammenhang mit der *sozialorientierten Acht* spricht man auch von Komplizenschaft, also der Mitwirkung bei einer abgelehnten oder für Unrecht gehaltenden Handlung. In unbewussteren Phasen ihres Lebens und in Krisenzeiten üben sie durchaus Gewalt aus Solidarität aus *(psychologischer Hintergrund ist häufig eine als ungerecht empfundene Autoritätsfigur schon in ihrer Kindheit).* So bauen sie mitunter eine Partnerschaft der Übertretung mit anderen Menschen ihrer sozialen Gruppe auf, oft gegen eine tief empfundene Ungerechtigkeit, die *(vermeintlich)* durch eine Autoritätsperson ausgeübt wird. Ziel des *sozialen Achters* ist hier, die anderen gegen die Ungerechtigkeit zu beschützen und auf diesem Wege die Liebe der beschützten Person zu erhalten. Man bezeichnet den *sozialen Achter* deshalb auch als sozial-antisozialen Menschen, denn in Ausnahmesituationen kann er durchaus sehr gewalttätig sein. Diese Gewalt erwächst aus dem Gedanken der Solidarität, denn er kann nur sehr schwer Ungerechtigkeit ertragen. So verhält er sich ähnlich wie *Typ 6* sehr loyal. In der Kindheit finden wir häufig das kindliche Verhaltensmuster, dass dieser *Subtyp der Acht* sich mit der Mutter gegen den Vater „verbündet", um dadurch die Liebe der Mutter zu erhalten. Seine Mottos lauten: *Ich bin solidarisch, also bin ich!" „Ich beschütze dich, also bin ich!"* Sie haben ein Herz für die Schwachen und Ausgebeuteten, es sind solidarische, beschützende, „warme" und intellektuelle Menschen.

23.7 Dynamische Beschreibung der Sozial-Acht

Der *soziale Achter* legt seine „rauhe Schale" in Form eines stabilen emotionalen Schutzpanzers erst ab, wenn er sich sicher sein kann, dass man ihn ausreichend akzeptiert. Manchmal testet er zuvor die Loyalität und Solidarität seiner Freunde und Bekannten.

Wenn er allerdings einmal jemandem wirklich vertraut, hält er an dieser daraus gewachsenen Freundschaft meist ein Leben lang fest. Stets achtet er besonders darauf, wer außer ihm noch ein potenzieller Anführer der jeweiligen Gruppe sein könnte, wer darin etwas zu sagen hat etc., damit seine eigene Autorität möglichst nicht gefährdet ist bzw. aufrechterhalten bleibt. Weil sein soziales Gerechtigkeitsempfinden überaus stark ausgeprägt ist, legt er sich oft zu schnell mit potenziellen Widersachern an, damit seine Freunde und allgemein die Schwächeren in der Gemeinschaft beschützt bleiben. Insgeheim besteht aber auch bei ihm immer der (Macht) Anspruch, dass die von ihm beschützten Menschen möglichst Selbstvertrauen und Eigenständigkeit entwickeln und eine sichere Position (zurück) gewinnen. Stets ist sein Handeln von dem Bemühen getragen, loyal zu sein und Probleme möglichst konstruktiv einer für alle Beteiligten gerechten Lösung zuzuführen. Wenn jemand allerdings die sozialen Regeln der Gemeinschaft verletzt und ihn womöglich noch hintergeht, ist er imstande, diesen Menschen für immer aus seinem Leben zu verbannen. Denn wenn jemand nicht sein Freund ist, dann ist er eben sein Feind (*Schwarz-Weiß-Denken von Typ 8*). Eine Auseinandersetzung um Wahrheit oder Gerechtigkeit zwischen gleichrangigen Gegnern macht ihm hingegen gelegentlich große Freude. In einer Gruppe übernimmt der *sozialorientierte Achter* meist die Rolle des Beschützers und achtet darauf, dass es insgesamt fair und anständig zugeht.

24. Der Charakter der sexuellen Acht (Abkürzung: S 8 - Ritter)

Ü

84
85
86
87

Die innere **Leidenschaft der Gier** sowie *jegliche Formen der Macht, der Begierde und der Kontrolle* werden bei dieser Variante des Achters hauptsächlich auf *beschützende, durchsetzungsstarke und besitzergreifend-dominante Art und Weise* ausgelebt.

24.1 Beschreibungen der Sexual-Variante der Acht

Der Ritter, der Befehlshaber, der Ehr-Verteidiger, der Beschützer der Schwachen, der Besitzergreifende, der sich Hingebende

24.2 Hauptthemen der sexuellen Acht

Durchsetzungsvermögen, eindringliche Stärke, Kontroll- und Besitzzwang über Mitmenschen, besitzergreifende Dominanz, „Freiheitsberaubung"

24.3 Darstellung der sexuellen Achter-Variante

Dieser *Untertyp der Acht (= Verstärkungstyp)* nutzt seine „eindringliche" Stärke und sein Durchsetzungsvermögen, um seine Mitmenschen zu kontrollieren und letztlich auch zu besitzen. Manchmal sind sie wie besessen von diesem inneren Antrieb, dass sie unfähig werden, sich anderen angemessen anzupassen oder einmal loszulassen vom ewigen einseitigen Kontroll- und Besitzzwang. Auf der anderen Seite kann dieses besitzergreifende Verhalten im Laufe der Zeit (*aber nur für sehr kurze Augenblicke des Lebens!*) auch dazu führen, dass sie kompensatorisch in den Gegenpol gelangen und dabei in Ausnahmefällen jegliche Kontrolle über ihre Beziehungspartner aufgeben, sich vielmehr dem Leben hingeben und sich mitunter sogar von ihrem Partner kontrollieren lassen. Aufgrund dieser besonderen Kombination des sexuellen Instinkts, der durch das exzessive Machtprinzip der

Acht *(dieser Subtyp lebt als Verstärkungstyp der Acht seine Macht in Beziehungen besonders stark aus!)* eine unglaubliche Verstärkung erfährt, haben wir es hier mit äußerst durchsetzungs-starken, intensiven und im Zwischenmenschlichen zur psychischen und/oder physischen Gewalt neigenden Zeitgenossen zu tun. Können diese starken Energien nicht angemessen kanalisiert werden, kann es verstärkt zu ernsthaften zwischenmenschlichen Konflikten un-geahnten Ausmaßes kommen. Viele *sexuell-aggressive Achter* findet man daher nicht um-sonst besonders häufig unter den Beziehungsstraftätern, bei denen die Neigung zur akti-ven Freiheitsberaubung gegenüber anderen in jederlei denkbarer Form gekoppelt mit star-ker emotionaler Beteiligung dazu geführt hat, dass sie selbst der Freiheit beraubt werden mussten und daher im Gefängnis sitzen. In der Partnerschaft geht es vor allem darum, den Geliebten zu besitzen. In aller Regel geben sie den Ton in der Beziehung an, wirken dabei oft ein wenig ungehobelt, denn sie vermeiden dabei, sich den zarten und verletzlichen Gefühlen der Intimität, also ihrer weiblichen Seite öffnen zu müssen. Nach außen hin wir-ken sie immer etwas gefährlich und exzessiv *(Befehlshaber)*. In der Öffentlichkeit prahlen männliche *sexuelle Achter* gern über ihre Manneskraft und allgemein müssen sowohl männliche als auch weibliche *Achten dieses Untertyps* immer in besonderer Weise ihre un-glaubliche Potenz oder Vitalität in allen Lebensbereichen *(Finanzen, Besitz, Beziehungen, Sexualität etc.)* betonen und unter Beweis stellen. Auf diese Weise können sie als Angehöri-ge der Bauchtriade *(überschießende Aggressionsenergie)* den starken inneren Zorn nach au-ßen kanalisieren.

24.4 Das Energiezentrum der Sexual-Acht

Hier wirkt im Inneren die Energie der Leidenschaft der *(unbewussten)* Wollust und der Gier in Verbindung mit dem sexuellen Instinkt, also Wollust und Gier in Bezug auf Beziehun-gen und Sexualität. Wollust, Gier und Besitzstreben mit dem instinktiven Schwerpunkt auf Beziehungen und Sexualität, also „sexuelle Wollust", bedeutet, dass die permanent vor-handene verborgene innere Wollust *(Gier)* sich mit dem sexuellen Instinkt koppelt und da-durch vermehrt zum Bedürfnis führt, den zentralen Raum in Beziehungen einzunehmen, zur Verführung und Faszination der Mitmenschen und dem Streben nach Besitz und Hin-gabe. Als *Verstärkungstyp der Acht* hat dieser Subtyp eine unglaubliche Begierde in Bezug auf die Kontrolle seiner unmittelbaren Beziehungen und auch im Rahmen der Sexualität.

24.5 Die Angstreduktion dieses sexuellen Subtyps der Acht

Dadurch, dass der zentrale Raum in Beziehungen eingenommen wird und aufgrund der *(besitzergreifenden)* Dominanz *(„Nur wenn ich den ganzen Raum mit meiner Vitalität füllen kann und ich den anderen „besitze", dann behalte ich die Kontrolle!")* versucht der S 8, seine Angst zu vermindern.

24.6 Weitere wichtige Details zur sexuellen Acht

Der *sexuell-aggressive Achter* wird trotz dieser bislang doch eher negativen Beschreibung auch als der „Ritter" bezeichnet, weil er sich gern auch als Verteidiger der Ehre und Be-schützer der Schwachen ausgibt. Insgeheim sehnt er sich dabei nach Hingabe und emp-findsamen Erfahrungen mit einem vertrauten Menschen oder Partner, um auf diese Weise wirklich einmal Schwäche zeigen zu können, die ja bei allen *Achtern*, vor allem aber beim *Verstärkungstyp der Acht*, regelmäßig verleugnet wird. Kennzeichnend in diesem Zusam-

menhang ist, dass es ihm in erster Linie darum geht, den Partner zu besitzen, aber dass auch die Möglichkeit der Hingabe an den Partner besteht. In engen Beziehungen fordern sie Stabilität, Loyalität und Berechenbarkeit, fühlen sich schnell vom Partner betrogen und sind dann anfällig für Misstrauen. Mitunter fordern sie sogar Liebesbeweise gegenüber ihrem Partner oder testen diesen in Bezug auf seine Motive in der Beziehung. Wenn sie dann das Gefühl haben, dem anderen vertrauen zu können, entspannen sie sich und können dem Partner in ihrer Liebe zu ihm sogar sehr nahe kommen. In unbewussteren Phasen kann dieser Untertyp wie schon gesehen sehr besitzergreifend sein, kontrolliert und dominiert dann mitunter den Partner und nimmt ihm dadurch sämtliche Freiheitsräume. Der *sexuelle Achter* möchte durch Verführung und Faszination seiner Mitmenschen im Zentrum stehen und möglichst alles in Besitz nehmen. Er liebt es, durch seine verführerischen Strategien zum Zentrum der Macht zu werden. Deutlich besteht bei ihm eine antisoziale Tendenz, oft verhält er sich rebellisch, provokativ und wendet sich verbal unverblümt gegen Andersdenkende. Von seiner Natur ist er meistens gesund, kräftig, und beherzt. In der Extremform kann diese Acht aber in der Tat auch zum Vergewaltiger werden. Und doch kann gerade dieser *Subtyp der Acht* sich auf dem Wege in Richtung Bewusstheit im Laufe seines Lebens zu einem großzügigen und tatkräftigen Menschenfreund entwickeln. In unbewussteren Phasen seines Lebens kann er allerdings sehr stark zwischen den extremsten Verhaltensweisen schwanken, mal sehr großzügig, mal außerordentlich geizig in Bezug auf sich und die Mitmenschen sein und als Inhaber des sexuell (-aggressiven) Grundtriebs wird dieser Achter schnell zu einem unberechenbaren Zeitgenossen, der nur noch von seinen instinktiven Impulsen geleitet scheint. Der *sexuelle Achter* ist mit Abstand der emotionalste Untertyp der Acht und seine Lebensmottos lauten: *„Ich verführe, also bin ich!" „Ich fasziniere, also bin ich!" „Ich nehme in Besitz, also bin ich!"* Er hat insgesamt betrachtet sehr große Bedürfnisse jeglicher Art und nimmt als Person den ganzen Schauplatz in Besitz. Es sind insgesamt gesehen faszinierende, verführerische, rebellische, provokative, „heiße", aktive und sehr dominante Menschen.

24.7 Dynamische Beschreibung der Sexual-Acht

Der *sexuell-aggressive Achter* ist von allen Subtypen des Enneagramms der extremste in allen seinen Lebensäußerungen. Manchen ist er daher viel zu bestimmend, machtausübend und unverschämt. Doch aus seiner Sicht zieht er einfach ein Leben voller Energie und Leidenschaft dem eines langweiligen, in dem jegliche Anstrengung vermieden wird, vor. Paradoxerweise kann er sich in seltenen Fällen durchaus auch einmal anderen Menschen gegenüber „ergeben", trotz seiner allgemein stark ausgeprägten besitzergreifenden Art und Weise. Vertraut er einem Freund oder Partner aber in vollem Umfang, kann er sich durchaus weich und verletzlich zeigen, doch den Anspruch, letztlich doch den Ton in Beziehungen anzugeben, kann er nie vollständig aufgeben. Der *beziehungsorientierte Achter* kann unglaublich wütend werden und sich dann von seiner schlechtesten Seite zeigen, wenn man in einer Angelegenheit, die ihn direkt oder indirekt betrifft, nicht sofort seinen Rat oder seine Meinung einholt *(ausgeprägtes Bedürfnis nach Macht in Beziehungen)*. Er fühlt sich von Menschen angezogen, die so direkt sind wie er selbst und die nicht sofort das Weite suchen, wenn eine Auseinandersetzung in der Luft liegt. Streitet er sich mit seinem Partner, fühlt er sich diesem eigenartigerweise näher, denn ein „guter Streit" fördert seines Erachtens auch immer am Ende die Wahrheit zutage. Nehmen die Streitigkeiten allerdings innerhalb seiner Partnerschaft oder zwischen guten Freunden oder Verwandten immer mehr zu, verliert auch er zunehmend das Interesse daran und zieht sich dann mitunter stark zurück. Äußerst sensibel und hochgradig empfindlich reagiert er auf *„Machtspielchen"* seiner Mitmenschen und trifft augenblicklich Vorkehrungen dagegen, wenn er dahingehend nur den leisesten Verdacht hegt. Insgeheim hat er ja ständig das Gefühl, seine Macht in Beziehungen und damit die Grundlage seines egozentrischen Selbstbildes jederzeit verlieren zu können.

25. Der Charakter der selbsterhaltenden Neun (Abkürzung: SE 9 - Bequemer)

Ü

84
85
86
87

Die innere **Leidenschaft der Trägheit** sowie *jegliche Formen des Harmoniestrebens und der Vermeidung von Konflikten* werden bei dieser Variante des Neuners hauptsächlich auf *bequeme, ersatzbefriedigende und routinierte Art und Weise* ausgelebt.

25.1 Beschreibungen der Selbsterhaltungs-Variante der Neun

Der Bequeme, der Stubenhocker, der Ansammler, der „Hobbit", der „Routinefreund", der „Ersatzbefriedigte"

25.2 Hauptthemen der selbsterhaltenden Neun

Ersatzbefriedigung, irdischer ungesättigter Appetit, den Bauch real oder im übertragenen Sinne füllen, Beständigkeit, Besitz, Ansammlung, übermäßiges Gebundensein an das Physische

25.3 Darstellung der selbsterhaltenden Neuner-Variante

Dieser *Untertyp der Neun (= Normaltyp)* zeichnet sich aus durch das Kreieren praktischer Strukturen und die täglichen Rhythmen, die das gewöhnliche Leben unterstützen. Appetit ist ein wichtiges Thema für diesen *Subtyp der Neun*. Sie können wie alle Selbsterhaltungstypen zwar eine ganz „normale" durchschnittliche Figur besitzen, aber wenn sich ihr Prinzip direkt in ihrem Körper manifestiert hat und nicht auf andere *(ungesättigte)* Bereiche, dann können sie durchaus einmal mehr als 100 bis 200 kg wiegen. Das untergründige Gefühl von Zorn wird hier versucht mit Appetit auf alles Mögliche zu unterdrücken, was natürlich auf Dauer nicht funktioniert. Ständig sind sie erfüllt von einer unbändigen (materiellen) Gier, sodass sie leicht mit *Typ 8* verwechselt werden können. Doch anders als bei *Typ 8* geht es beim *selbsterhaltenden Neuner* darum, die Gefühle von Zorn und Verzweiflung vorübergehend zu lindern und zu unterdrücken, nicht wie beim *Achter*, der sie im Rahmen des jeweiligen Grundinstinktes auszudrücken versucht. Beim *SE 9* ist der unterdrückte Zorn noch am ehesten von allen *drei Untertypen der Neun* wahrnehmbar, oft in Form von untergründiger Gereiztheit. Aufgrund seiner Nähe zur Acht und seines selbsterhaltenden Grundmusters vermag er offenbar den Zorn am wenigsten zu verstecken. So kann dieser nach gewissen Zeiten der relativen Ruhe und Gelassenheit durchaus in regelmäßigen Abständen zum Erstaunen der Mitmenschen heftig zum Vorschein kommen, „verraucht" aber auch schnell wieder nach einem mitunter heftigen „Vulkanausbruch". Auch deshalb wird dieser *Untertyp der Neun* aufgrund dieses gelegentlichen Zornverhaltens gelegentlich falsch als *Typ 8* diagnostiziert. Doch der Achter trägt seinen Zorn mit anhaltender Durchsetzungskraft vor sich her, während beim *Neuner* nach der Zornesentladung gegenüber den beteiligten Mitmenschen eher Schuldgefühle entstehen. Eine große Aufgabe aller *Un-*

tertypen der Neun ist es daher, den eigenen unterdrückten Zorn rechtzeitig und angemessen in Wort und Tat auszudrücken, damit er sich nicht im Verborgenen anstaut und es zu unkontrollierten Erruptionen kommen muss, die häufig die zwischenmenschlichen Beziehungen stark belasten können. Häufig finden wir beim *SE 9* als Ausdrucksmittel des unterdrückten Zorns einen Hang zu ausgeprägtem Redefluss. Er versucht sich dadurch vermutlich unbewusst *(und oft vergeblich)*, das nötige Gehör zu verschaffen. Eine weitere Möglichkeit, seine verborgenen Aggressionen nach außen zu kanalisieren ist ein von zwanghaftem Denken geprägter Ideenfluss für teilweise abenteuerliche Einfälle und Geistesblitze oder auch für philosophische Betrachtungen des Lebens, wodurch er manchmal mit den *Kopftypen 5 und 6* verwechselt werden kann.

25.4 Das Energiezentrum der Selbsterhaltungs-Neun

Hier wirkt im Inneren die Energie der Leidenschaft der *(unbewussten)* Trägheit und der Bequemlichkeit in Verbindung mit dem selbsterhaltenden Instinkt, also Trägheit und Bequemlichkeit in Bezug auf die Selbsterhaltung. Trägheit, Bequemlichkeit und Faulheit mit dem instinktiven Schwerpunkt auf der Selbsterhaltung, also „selbsterhaltende Trägheit", bedeutet, dass die permanent vorhandene verborgene innere Trägheit *(Bequemlichkeit)* sich mit dem Selbsterhaltungsinstinkt koppelt und dadurch vermehrt zum übermäßig irdischen Appetit und zum Bedürfnis nach Ersatzbefriedigung führt. Beim *selbsterhaltungsorientierten Neuner* liegt wie schon erwähnt der Zorn am meisten an der Oberfläche im Vergleich zu den anderen *beiden Untertypen der Neun*. Beim sexuellen Untertypen ist er hingegen am tiefsten im Innersten versteckt und verborgen. Oft erkennt man den unterdrückten, festgehaltenen Zorn des *selbsterhaltenden Neuners* an seinem zusammengepressten und recht angespannten Unterkiefer.

25.5 Die Angstreduktion dieses selbsterhaltenden Subtyps der Neun

Durch übermäßiges Streben nach Ersatzbefriedigungen und unersättlichen irdischen Appetit *(„Nur wenn ich (real oder im übertragenen Sinne) meinen Bauch fülle, erlebe ich mich im Dasein!")* versucht der *SE 9*, seine Angst zu vermindern. Unterbewusst ist sein Dasein in Sachen Selbsterhaltung ständig bedroht, weil hier das Prinzip der Trägheit in Bezug auf die Selbsterhaltung aktiv ist. Auf diese Weise sucht dieser *Untertyp der Neun* nach allen möglichen Gelegenheiten in dieser Welt, das in ihm waltende energetische Mangelgefühl zu kompensieren. Dabei kann der *„innere Hunger"* sowohl durch Nahrung als auch durch Besitz aller möglichen materiellen Güter dieser Welt befriedigt werden. Auf diese Weise kann sich im Laufe der Zeit bei der *Selbsterhaltungs-Variante der Neun* vieles ansammeln. Sie ähnelt damit ein wenig *Typ 5*, vor allem dem *SE 5* mit seiner ausgeprägten Sammelleidenschaft und seiner Hamster-Mentalität.

25.6 Weitere wichtige Details zur selbsterhaltenden Neun

Der *Selbsterhaltungs-Neuner* wird auch treffend als „der Bequeme" bezeichnet. Er ist ein ruhiger, zuverlässiger und beständiger Zeitgenosse, der es liebt, zu Hause zu sein und die Dinge gern von dort aus erledigt. Aufgrund seiner inneren Trägheit häufen sich seine Angelegenheiten oft mit der Zeit ein wenig zu viel an, sein Zeitmanagement hat er dabei leider nur selten im Griff. Kennzeichnend für den *selbsterhaltenden Neuner* ist die primäre Beschäftigung mit seinem körperlichen Wohlbefinden. Er lebt in seinen Gewohnheiten und

seiner Routine („*Routinefreund*") verankert, das Bild des „faulen und trägen Stubenhockers" trifft den *Selbsterhaltungs-Neuner* daher sehr gut. Er lebt nach dem Minimalprinzip streng konservativ und nutzt Essen und Trinken zur Selbstbetäubung, oft hat dieser Untertyp einen großen Appetit und ist langsam und träge in seinen Körperbewegungen sowie in seinem sonstigen Körperausdruck. Ähnlich wie *Typ 5* kapselt er sich gern ein wenig vom sozialen Leben ab und beschränkt sein soziales Umfeld auf einen minimalen Raum. Die *Selbsterhaltungs-Neun* ist übermäßig gebunden an das Physische, das Irdische, das Geschöpfliche - als Ersatz für Liebe. Echte Zuneigung und Liebe werden hier oftmals durch Appetit im weitesten Sinne und der damit eng verbundenen Konzentration auf irdische Verlockungen *(Essen, Schlafen, Haben)* ersetzt. Die Figur des Sancho Panza aus „*Don Quijote*" (Panza bedeutet übrigens „großer Bauch") steht sinnbildlich für die Wesensart des *selbsterhaltenden Subtyps der Neun.* Es sind oft dicke Menschen, bei denen der Wunsch nach Liebe in den Körper übergegangen ist. Dabei sind sie an sich sehr liebende Menschen, aber tief im Inneren ihrer Seele haben sie das Gefühl, ähnlich wie der *Typ 4*, nicht wirklich geliebt zu sein. Doch nach außen demonstrierte Fröhlichkeit und Güte füllen dann die innere Resignation aus. Häufig zeigen sie nach außen Bescheidenheit und Verzicht bis hin zur Selbstverleugnung und können daher sehr schnell mit der *Kontratyp der selbsterhaltenden Vier* verwechselt werden, der ja ebenfalls nach außen hin eine bescheidene, verzichtende und oft selbstverleugnende Wesensart an den Tag legt. Im Unterschied zum Neuner-Prinzip ist der *selbsterhaltende Vierer* dabei aber von der Motivation getragen, das Leid still auszuhalten in der Hoffnung, dadurch Liebe zu finden. Beim *selbsterhaltenden Neuner* geht es mehr darum, das Prinzip der Trägheit zu leben, indem man sich nach außen so zeigt, als ob man ja ohnehin nichts benötige. Der *SE 9* ist manchmal sehr intellektuell ausgerichtet, denn sein „*innerer Hunger oder Appetit*" steht nie ganz still. So kann er phasenweise einen Hunger nach Neuheiten, Reisen, Abenteuern entwickeln wie der „*Hobbit*" von Tolkien (*sog. Hobbit-Mentalität*), seine Mottos lauten zusammenfassend in etwa: „*Ich esse, also bin ich!*" „*Ich schlafe, also bin ich!*" „*Ich besitze, also bin ich!*" „*Ich stehe hier, also bin ich!*" So befriedigt er sich selbst mit Dingen, die wirkliche Prioritäten betäuben. Es sind fröhliche, liebende, gütige, praktische, ruhige, manchmal etwas gereizte, manchmal intellektuelle und pragmatische Menschen.

25.7 Dynamische Beschreibung der Selbsterhaltungs-Neun

Der *selbsterhaltungsorientierte Neuner* ist sehr verbunden mit seinen Fernseh-, Lese- und Arbeitsgewohnheiten. Darüber hinaus schläft er gern lange aus, besucht begeistert das Kino, chillt gepflegt auf dem Sofa etc. Er wird schnell nervös und mitunter reizbar, wenn dann doch wieder einmal irgend etwas dazwischenkommt und seine gepflegte Entspannung gefährdet. Er tendiert dazu, wichtige anstehende Aufgaben, Verpflichtungen und Verantwortlichkeiten vor sich herzuschieben und sich statt dessen seinen bequemen Gewohnheiten zu widmen. Essen ist für ihn von zentraler Bedeutung, gelegentlich isst er einfach, nur um „abzuschalten", um sich abzulenken und um seine wahren Gefühle zu verdecken *(Selbstvergessenheit der Neun).* Er sammelt gern Dinge und Informationen und ähnelt in diesem Verhalten der selbsterhaltenden Fünf. Weil ihm vieles neunertypisch gleich wichtig erscheint, kann er sich gelegentlich nicht entscheiden, was er aussortieren soll, weil er alle Dinge gleich schätzt und ihm daher nicht genau klar ist, welche Dinge ihm wirklich etwas bedeuten. Um seinen eigenen Bedürfnissen gerecht zu werden, stattet er sich regelmäßig

mit allen Nötigen *(ausreichendes Essen, gemütliche Wohnung, bequemes Auto, volle Geldbörse etc.)* ausreichend aus.

26. Der Charakter der sozialen Neun (Abkürzung: SO 9 - Mitarbeiter)

Die innere **Leidenschaft der Trägheit** sowie *jegliche Formen des Harmoniestrebens und der Vermeidung von Konflikten* werden bei dieser Variante des Neuners hauptsächlich auf *sozial anteilnehmende und gemeinschaftliche Art und Weise* ausgelebt.

26.1 Beschreibungen der Sozial-Variante der Neun

Der Mitarbeiter, der Teilnehmende, der Vermittler, der „Wohltäter der Gemeinde"

26.2 Hauptthemen der sozialen Neun

Soziale Teilnahme, Gemeinschaft, Gruppenzugehörigkeit, großzügige Befriedigung anderer

26.3 Darstellung der sozialen Neuner-Variante

Dieser *Untertyp der Neun (= Kontratyp)* zeichnet sich aus durch seine Zugehörigkeit *(Teilnahme, Partizipation)* zu verschiedenen sozialen Gruppen. Im besten Fall sind sie Anführer der Gruppe und leisten einen selbstlosen Beitrag zum Wohle der Gemeinschaft *(„Wohltäter der Gemeinde")*, aber die Gefahr besteht darin, dass sie dabei in einer bequem sozialen Position *„einschlafen"* oder sich durch wahllose Aktivitäten und zielloses Handeln selbst verlieren. Einerseits sind sie immer offen dafür, sich allen möglichen Gemeinschaften anzuschließen, andererseits zweifeln sie aber im Inneren häufig und halten sich auch in gewisser Hinsicht im Außen vorsichtig zurück *(wegen der engen Verbindung zum Enneagrammpunkt 6 und ihrem Trägheitsprinzip innerhalb des sozialen Grundinstinktes)*. So sind sie immer ein wenig hin- und hergerissen zwischen tiefem Sich-Einlassen und völligem Unbeteiligtsein *(Trägheit in sozialen Angelegenheiten)*. So ist es auch nicht verwunderlich, dass sie selten eine leitende Position innehaben und sich bei gemeinsamen Treffen mehr am Rande der Gruppe aufhalten. So scheinen sie niemals richtig da zu sein, steigen aber auch nie wirklich aus der sozialen Gemeinschaft aus.

26.4 Das Energiezentrum der Sozial-Neun

Hier wirkt im Inneren die Energie der Leidenschaft der *(unbewussten)* Trägheit und der Bequemlichkeit in Verbindung mit dem sozialen Instinkt, also Trägheit und Bequemlichkeit in Bezug auf das soziale Miteinander. Trägheit, Bequemlichkeit und Faulheit mit dem instinktiven Schwerpunkt auf gesellschaftliche und soziale Angelegenheiten, also „soziale Trägheit", bedeutet, dass die permanent vorhandene verborgene innere Trägheit *(Bequemlichkeit)* sich mit dem sozialen Instinkt koppelt und dadurch vermehrt zum starken Bedürfnis nach Teilnahme *(Partizipation)* an sozialen Gruppen und der Gesellschaft führt. Dabei kann die *soziale Neun* eine unglaubliche Aktivität entwickeln, denn als *Kontratyp* kämpft sie *(unbewusst)* gegen das ihr innewohnende Prinzip der Trägheit, Bequemlichkeit und Faulheit an. So ist sie der *Dreier-Fixierung* am ähnlichsten und Beziehungen im allgemeinen Sinn, Familie und das Knüpfen von Kontakten stehen für sie generell an erster Stelle. In „arbeitssüchtigen" Phasen wird die *soziale Neun* daher häufig mit *Typ 3* verwechselt, aller-

dings fehlt diesem Untertyp regelmäßig das Element des effektiven Handelns wie beim Prinzip der Drei. Kennzeichnend für das Handeln des *SO 9* ist vielmehr eine gewisse Unschärfe *(unklare Verschwommenheit)*, eine Wahl- und Ziellosigkeit sowie eine diffuse Zerstreutheit.

26.5 Die Angstreduktion dieses sozialen Subtyps der Neun

Durch Teilnahme an sozialen Gruppen und der Gesellschaft *("Nur wenn ich Teil einer Gemeinschaft werde, erlebe ich mich im Dasein!")* versucht der *SO 9*, seine Angst zu vermindern. Unterbewusst besteht hier ein unklares Gefühl der Bedrohung in Bezug auf das soziale Miteinander, welches permanent gefährdet erscheint.

26.6 Weitere wichtige Details zur sozialen Neun

Der *sozialorientierte Neuner* verliert sich also sehr schnell im Rahmen von sozialen Gruppen, wodurch seine Belastbarkeit häufig ihre Grenze findet und dann Probleme auftauchen können. Er wird auch der „Mitarbeiter" genannt, denn im Allgemeinen ist er ein harmonischer Zeitgenosse, der gern Teil der Gruppe ist und mit dem man zunächst gut auskommt. Leider neigt er besonders dazu, mit der Gruppe und ihren Bedürfnissen zu verschmelzen. Dadurch verliert er sich selbst und verhindert damit die eigene innere Persönlichkeitsentwicklung sowie notwendige Selbsterkenntnisprozesse. Zwar fühlt er sich immer wieder zu Gruppen hingezogen, doch dort entwickeln sich dann oft Konflikte, denn die *soziale Neun* verliert sich schnell in der Gruppe in ihrem ständigen Versuch, für alle Menschen in der Gruppe da zu sein und beim Aufkommen von Unstimmigkeiten zu vermitteln *(Vermittler, Mediator)*. Dabei geht dieser Untertyp in den *Enneagrammpunkt 3* und entwickelt eine ausgeprägte Aktivität bis hin zur Hyperaktivität, verliert dabei seine eigene Identität recht schnell und wird zunehmend von anderen übersehen oder erst gar nicht wahrgenommen. All das führt dann ansteigend zur Verärgerung und Reizbarkeit, wobei der unterdrückte Zorn der Neun an die Oberfläche „sickert". Die Strategie der *sozialen Neun* besteht vor allem in der großzügigen Befriedigung anderer, um zur Gruppe zu gehören. Dahinter steckt das neurotische Verlangen, sich als Teil von etwas Größerem zu fühlen, denn eine Gemeinschaft hat immer eine gewisse Bedeutung *(sowie Sinn und Zweck)*, die über die eines einzelnen Menschen hinausgeht. Im Innersten fühlt sich *Typ 9* allgemein wie ein *„kleiner Gnom oder Zwerg"*, unwichtig und wertlos. So ist es nur verständlich, dass der *soziale Neuner* das Verlangen entwickelt zu zeigen, dass er es Wert ist, in die Gruppe aufgenommen zu werden und ein Teil von ihr zu sein. Er besitzt daher ein großes Talent, die Bedürfnisse anderer zu befriedigen, ist uneigennützig, bescheiden und opfert sich im Zweifel auf. Als *Kontratyp der Neun* kann er zeitweise arbeitssüchtiger sein als andere Enneatypen. Seinen inneren Schmerz zeigt er anderen nicht und ähnelt darin ebenfalls der *Kontra-Vier*. Der Grund ist aber ein anderer, denn während der *selbsterhaltende Typ 4 (unbewusst)* seinen inneren Schmerz versteckt, um den anderen zu zeigen, dass er sich nicht beklagen möchte *(Liebesersatz durch Nichtklagen)*, wird bei der *sozialen Neun* das eigene Ich ganz ausgeblendet und an diese Stelle eine extrovertierte Fröhlichkeit und Geselligkeit an den Tag gelegt *(als Ersatz für Liebe)*, die wir so bei *Typ 4* aufgrund dessen melancholischer Wesensart so nicht kennen. Die *sozialorientierte Neun* hat folgende Mottos: *„Ich bin fröhlich, also bin ich!" „Ich bin lustig, also bin ich!" „Ich bin freundlich und nett, also bin ich!" „Ich bin vergnügt, also bin ich!" „Ich bin sorglos und und unbeschwert, also bin ich!"* Es sind fröhliche,

gesellige, etwas zerstreut wirkende, selbstvergessene, intellektuelle und zur Arbeitssucht tendierende Menschen.

26.7 Dynamische Beschreibung der Sozial-Neun

Der *soziale Neuner* schließt sich gern verschiedenen Organisationen und Gruppen an, um irgendwelche Angelegenheiten weiterzubringen, um seine Zeit besser einteilen zu können, um die Energie der Gruppe zu absorbieren und sich von ihr „in Schwung bringen" zu lassen. Er versucht dabei, sich den anderen möglichst gut anzupassen (*Imitation der Chamäleon-Strategie des Dreier-Prinzips*) und entwickelt dabei ein perfektes Gefühl, welches eigene Verhalten gut zur jeweiligen Gruppe passt. Er sucht dadurch innerhalb der Gruppe im Außen eine Orientierung, die ihm im Inneren so dringend fehlt. Die Frage ist also für diesen *Untertyp der Neun* immer, ob er teilhaben kann oder eben nicht. Ein Großteil seines Identitätsgefühls erwächst aus der Beantwortung dieser Frage und daraus resultiert letztlich auch die Ambivalenz, dass er sich einerseits zu Menschengruppen hingezogen fühlt und doch nie ganz sicher ist, ob er wirklich dazugehören möchte. Wenn ihn jemand persönlich angeht, ihn ungerecht behandelt oder sonstwie unangenehm wird, findet er oft nicht die richtigen Worte und verhält sich statt dessen stur oder in sich gekehrt (*typisches passiv-aggressives Verhalten des Neuners*). Innerhalb der Gruppe hält er sich deshalb trotz seiner sozialen Unterfixierung gern am Rande, weil er sich dadurch nicht voll in die Situation einbringen muss und damit die Möglichkeit hat, zwischenmenschlichen Konflikten aus dem Weg zu gehen. Und doch setzt er immer wieder seine vermittelnden Fähigkeiten dazu ein, innerhalb einer Gruppe übereinstimmende Harmonie (wieder) herzustellen. Er übernimmt häufig gern die Rolle dessen, der sich um alles kümmert und wird dadurch mitunter mit *Typ 2* verwechselt. Das entspricht dann aber nicht der *2er-typischen Motivation*, geliebt zu werden, sondern seinem Bedürfnis bzw. seinem sozialen Gerechtigkeitssinn, dass es allen möglichst gleich gut ergeht (*Harmoniestreben der Neun*). So nimmt er fast automatisch immer an allem teil und übernimmt dabei auch Kleinigkeiten aus dem Verhalten der anderen. Häufig fällt es ihm schwer, wahrzunehmen und auszudrücken, was er selbst eigentlich möchte und empfindet.

27. Der Charakter der sexuellen Neun (Abkürzung: S 9 - Mystiker)

Die innere **Leidenschaft der Trägheit** sowie *jegliche Formen des Harmoniestrebens und der Vermeidung von Konflikten* werden bei dieser Variante des Neuners hauptsächlich auf *vereinigende, verschmelzende Art und Weise* ausgelebt.

27.1 Beschreibungen der Sexual-Variante der Neun

Der Mystiker, der sich Vereinigende, der Verschmelzende, der (geheimnisvolle) Suchende, der Naturfreund, der Unscheinbare, der „Nowhere Man"

27.2 Hauptthemen der sexuellen Neun

Vereinigung, Verschmelzung, Verlust der eigenen Abgrenzung, Einheitsbewusstsein

27.3 Darstellung der sexuellen Neuner-Variante

Dieser *Untertyp der Neun (= Verstärkungstyp)* hat eine starke Sehnsucht, sich mit dem Partner, der Natur oder auch mit Gott zu vereinigen. Dieses Verhalten kann mitunter wahllos, willkürlich oder auch kopflos sein, aber auch die Tür zu transzendenten, spirituellen Zuständen öffnen, je nach Bewusstseinsgrad. Im alltäglichen Leben zeigen sich häufig Probleme darin, dass dieser *Untertyp der Neun* die persönlichen Grenzen anderer nicht mehr erkennt und damit auch nicht mehr wahrt. Auch die eigenen persönlichen Grenzen verschwimmen häufig sehr leicht und er verliert sich schnell in Belanglosigkeiten, die aber für ihn in dem Moment dann äußert wichtig erscheinen. Auch verliert er sich häufig in der Partnerschaft, in der er hoffnungslos nach Verschmelzung sucht ohne zu wissen, dass diese „göttliche" Form des Einsseins in einer polaren Welt nicht möglich ist. Er sucht dann vergeblich nach einer realen Identität in persönlichen Beziehungen. Dabei kann er die Einheit natürlich nur in sich selbst finden, nicht in der äußeren Imitation eines Einheitsbewusstseins. Als Partner suchen sie sich häufig eine starke Persönlichkeit, der eine ausgeprägte Meinung hat, der man sich unreflektiert anschließen kann oder jemanden mit starken Gefühlsäußerungen, um in dem anderen „aufzugehen", mit ihm zu verschmelzen. Dieser *Untertyp der Neun* unterdrückt seine eigenen Anteile und als Angehöriger der Bauchtriade damit auch seine innere Antriebskraft des verborgenen Zorns am meisten von allen Neuner-Untertypen. In extrem seltenen Fällen aber kann sich genau deshalb seine nicht ausgedrückte Wut besonders stark manifestieren in Form von aggressiven explosiven Ausrastern, mit denen man gerade bei diesem Typ so nicht gerechnet hätte. Meistens rennen sie aber in Beziehungen eher weg vor einem Konflikt *(Trägheit in Bezug auf Beziehungen und Sexualität)*. Als *Verstärkungstyp der Neun* besteht hier im Vergleich zu allen anderen Untertypen des Enneagramms die größte Unterdrückung von Handlungsenergie und die geringste Manifestation einer nach außen gelebten abgrenzbaren Persönlichkeit.

27.4 Das Energiezentrum der Sexual-Neun

Hier wirkt im Inneren die Energie der Leidenschaft der *(unbewussten)* Trägheit und der Bequemlichkeit in Verbindung mit dem sexuellen Instinkt, also Trägheit und Bequemlichkeit in Bezug auf Beziehungen und Sexualität. Trägheit, Bequemlichkeit und Faulheit mit dem instinktiven Schwerpunkt auf Beziehungen und Sexualität, also „sexuelle Trägheit", bedeutet, dass die permanent vorhandene verborgene innere Trägheit *(Bequemlichkeit)* sich mit dem sexuellen Instinkt koppelt und dadurch vermehrt zum Bedürfnis nach Verschmelzung, Vereinigung und Symbiose mit anderen Menschen führt. So sucht dieser *beziehungsorientierte Neuner* die sexuelle Vereinigung mit einem Partner, die weit über die enge Bedeutung des Begriffes *„Sexualität"* hinausgeht und jegliche partnerschaftlichen Lebensbereiche umfasst und häufig auch irgendwann in einer Suche nach spiritueller Vereinigung mit der Natur, dem Leben und dem gesamten Universum münden kann. Dieser Subtyp wird daher auch der „Suchende", der „Naturfreund" oder auch der „Verschmelzende" genannt. Diese *Neuner* sind sind oft die emotional weichsten Neuner und haben die verträumtesten Augen von allen Angehörigen des 9er-Prinzips. Als *Verstärkungstyp der 9* wird dieser *sexuelle Neuner* einfach nicht gesehen, sondern meistens übersehen, nicht wirklich als Person ernst genommen aufgrund einer fehlenden nach außen gelebten starken Persönlichkeit. Allgemein haben *Neuner* das innere Gefühl, sie seien nur ein kleines

Wesen, ein zwergenhafter Gnom oder Wicht und beim *sexuellen Neuner* ist dieses Gefühl im Inneren besonders stark ausgeprägt.

27.5 Die Angstreduktion dieses sexuellen Subtyps der Neun

Durch Streben nach Vereinigung und Verschmelzung mit anderen *(„Nur wenn ich mit den anderen eins werde, erlebe ich mich im Dasein!")* versucht der *S 9*, seine Angst zu vermindern. Er fühlt sich als ein *„Niemand"* und sucht durch Vereinigung mit einem Partner vergeblich eine eigene Identität.

27.6 Weitere wichtige Details zur sexuellen Neun

Der *sexuell-aggressive Neuner* wird manchmal auch der „Mystiker" genannt, weil er so konturlos und ätherisch im Wesen daherkommt und seine ungewöhnliche Empfänglichkeit und Liebe zur Natur es ihm erlaubt, sich eins zu fühlen mit seiner Umgebung, sei es nun innerhalb von menschlichen Beziehungen oder auch in Bezug auf alle sonstigen Lebensumstände. Doch kann es für ihn mitunter schwierig sein, eigene Ego-Grenzen in Bezug auf seine Mitmenschen zu errichten. Das Wichtigste für ihn ist nämlich immer wieder die Vereinigung mit anderen, nicht die Abgrenzung von ihnen. Und so verwundert es nicht, dass bei diesen Menschen der Verlust der eigenen Abgrenzung deutlich ausgeprägter ist als bei den anderen Neunern. Sie verlieren sich in der geliebten Person, ähnlich wie die *sexuelle Fünf*, die aber ihre eigene Identität dabei nicht aufgibt. Irgendwann kann die *sexuelle Neun* dann nicht mehr die eigenen von den Bedürfnissen anderer unterscheiden *(bekanntes Beispiel von dem Enneagrammlehrer Eli Jaxon-Bear: „Isst vom Teller des Partners, ohne es zu bemerken!")*. Stets sind sie fokussiert auf das Ideal einer romantischen Vereinigung und haben zugleich in dieser Hinsicht durchaus hohe Erwartungen an ihren Partner, die dieser niemals erfüllen kann. In diesem Zusammenhang kann man sie auch leicht verwechseln mit der melancholischen *sozialen Vier*. Manchmal kann sich der *S 9* auch nicht für einen Partner entscheiden und neigt dann zu enttäuschtem Rückzug in Angelegenheiten der partnerschaftlichen Beziehung *(Trägheit in Beziehungen)*. Durch die symbiotische Vereinigung mit einem anderen Menschen werden sie sozusagen zu diesem anderen. So leben sie nicht die eigene, sondern die Identität eines anderen Menschen und vergessen dabei die eigene innere Leidenschaft. Oft fällt es ihnen auch schwer, auf eigenen Beinen zu stehen und sie benutzen die Beziehung in einer Art Co-Abhängigkeit, um das eigene „Sein" zu füttern. Der *Enneagrammlehrer Claudio Naranjo* gibt in diesem Zusammenhang folgendes Beispiel: *„Sie sind so unscheinbar wie eine tote Fliege an einer gemusterten Tapete, die in diesem Muster verschwindet bzw. unsichtbar bleibt!"* In dem Beatles-Lied *„Nowhere Man"* wird ein solcher „Niemand" besungen. Eine gewisse Duckmäuserei wird hier an den Tag gelegt und dabei verhält sich der *S 9* wie jemand, der es nicht wagt, offen für seine Bedürfnisse einzutreten, für das, was er für richtig und wichtig hält - als Ersatz für Liebe. Sein Motto lautet also: *„Ich verschmelze, also bin ich!"* So werden letztlich die eigenen Bedürfnisse verraten, indem man mit Zielen und Wünschen des Partners verschmilzt, um jemand anderen zu befriedigen. Es sind sehr sensible, empathische, aktive, zurückhaltende und schüchtern wirkende Menschen).

27.7 Dynamische Beschreibung der Sexual-Neun

Der *sexuelle Neuner* mag das Gefühl, mit jemanden den er liebt, eins zu sein. Das können Mitglieder der Familie, Freunde, eine berühmte Persönlichkeit als Idol, ein spiritueller Lehrer, ein Haustier, die Natur oder auch das Göttliche an sich sein *(Streben nach Einheit/ Einssein in allen Lebensbereichen)*. Ähnlich wie *Typ 2* sehnt sich die *beziehungsorientierte Neun* nach Zweisamkeit und wenn sie nicht in einer Beziehung steht, fühlt sie sich schnell melancholisch. Darin erinnert sie dann auch leicht wieder an *Typ 4*. Sie versucht, ihren Partner glücklich zu machen, um partnerschaftliche Konflikte zu vermeiden und beabsichtigt dabei *(unbewusst)*, dass das Glücksgefühl ihres Beziehungspartners wieder auf sie abfärbt. Meist ist sie sehr auf ihren Partner konzentriert und spürt dabei gar nicht mehr, was in ihr selbst vorgeht *(Selbstvergessenheit der Neun)*. Stellt ihr Partner Forderungen an sie, reagiert sie entweder stur oder flüchtet sich in einer mehr oder weniger dezenten Gefühlserruption. Im Zweifel aber macht sie genau das, was der Partner von ihr fordert, um unnötige Aufregung zu vermeiden. Ähnlich wie *Typ 6* gibt der *sexuelle Neuner* oft anderen die Schuld für das, was aus seiner Sicht in seinem Leben nicht richtig läuft. Auf Dauer fühlt sich kein Mensch, auch kein S 9, wohl, wenn er ständig die eigenen Impulse unterdrückt und nur für andere Menschen lebt. Und so möchte auch der *sexuelle Neuner* manchmal unabhängiger von anderen sein und herausfinden, wo seine eigenen Prioritäten und Bedürfnisse liegen und was sein Leben ausmacht. Dann zieht er sich mitunter *(auf unbestimmte Zeit)* zurück und verbringt viel Zeit mit sich allein, denn dadurch kann er seinen eigenen Gefühlen am besten treu bleiben.

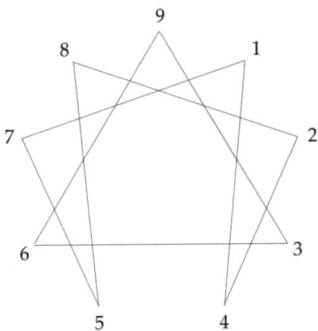

Die 27 Untertypen *
(Normaltyp – Verstärkungstyp – Kontratyp)

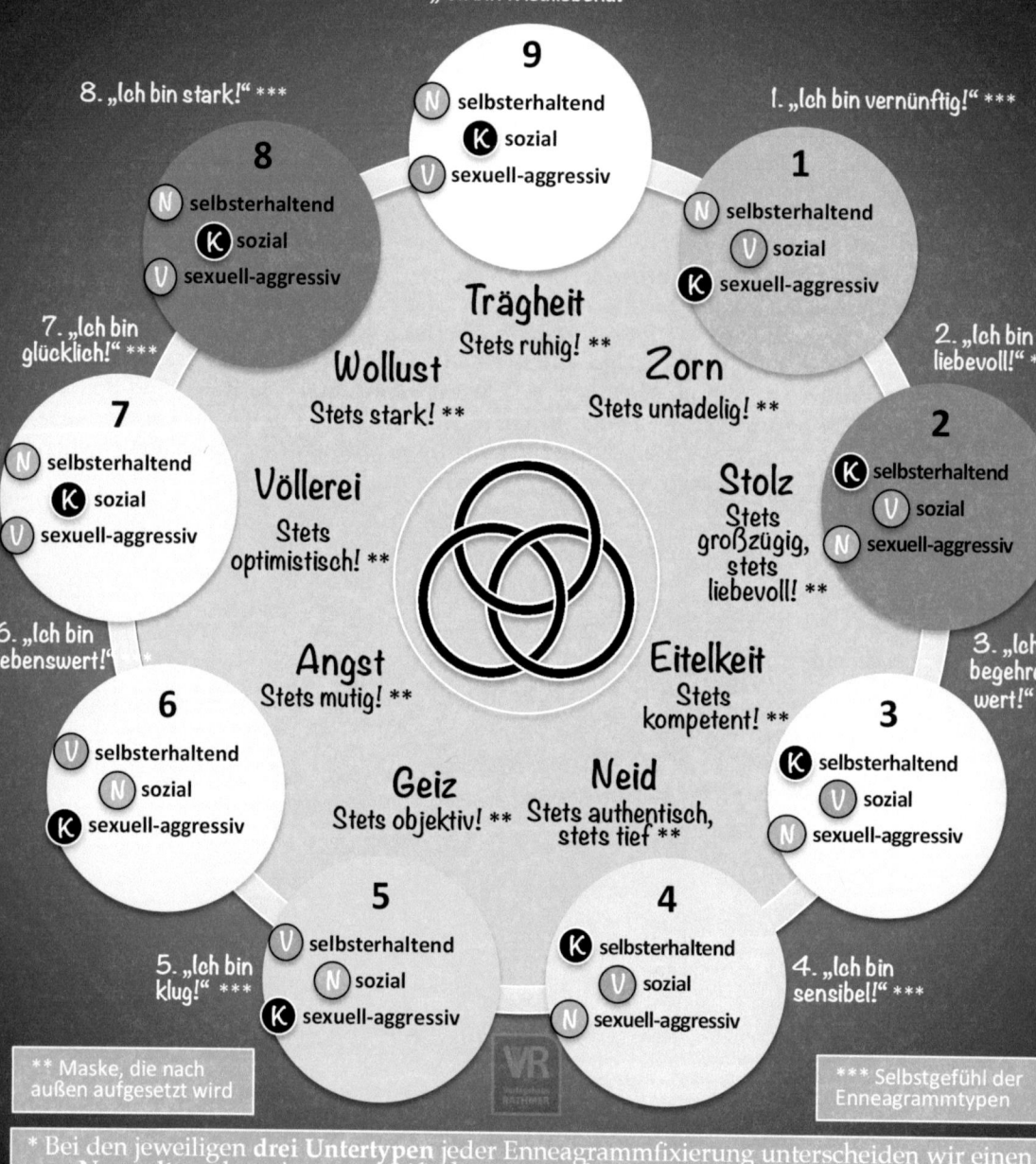

9. „Ich bin friedliebend!" ***

8. „Ich bin stark!" ***

9
- N selbsterhaltend
- K sozial
- V sexuell-aggressiv

1. „Ich bin vernünftig!" ***

8
- N selbsterhaltend
- K sozial
- V sexuell-aggressiv

1
- N selbsterhaltend
- V sozial
- K sexuell-aggressiv

7. „Ich bin glücklich!" ***

7
- N selbsterhaltend
- K sozial
- V sexuell-aggressiv

2. „Ich bin liebevoll!" ***

Trägheit
Stets ruhig! **

Wollust
Stets stark! **

Zorn
Stets untadelig! **

2
- K selbsterhaltend
- V sozial
- N sexuell-aggressiv

Völlerei
Stets optimistisch! **

Stolz
Stets großzügig, stets liebevoll! **

6. „Ich bin liebenswert!" *

6
- V selbsterhaltend
- N sozial
- K sexuell-aggressiv

Angst
Stets mutig! **

Eitelkeit
Stets kompetent! **

3. „Ich bin begehrenswert!" ***

3
- K selbsterhaltend
- V sozial
- N sexuell-aggressiv

Geiz
Stets objektiv! **

Neid
Stets authentisch, stets tief **

5. „Ich bin klug!" ***

5
- V selbsterhaltend
- N sozial
- K sexuell-aggressiv

4
- K selbsterhaltend
- V sozial
- N sexuell-aggressiv

4. „Ich bin sensibel!" ***

** Maske, die nach außen aufgesetzt wird

*** Selbstgefühl der Enneagrammtypen

* Bei den jeweiligen **drei Untertypen** jeder Enneagrammfixierung unterscheiden wir einen sog. **Normaltyp**, der seine typspezifische Leidenschaft auf „**normale**" Weise auslebt, einen sog. **Verstärkungstyp**, der seine entsprechende Leidenschaft auf „**verstärkte**" Weise lebt und einen sog. **Kontratyp** (Gegentyp), der seine jeweilige Leidenschaft **negiert**, also möglichst gar nicht lebt und vermeidet. Den Normaltyp und den Verstärkungstyp erkennt man für gewöhnlich am ehesten, der Kontratyp hingegen ist oft nicht so leicht zu erkennen, da er seine Leidenschaft nach außen nicht lebt, sondern (unbewusst) versteckt oder negiert.

29. Übersicht:
Die 9 Kontratypen *

Anmerkung: Typisch für die **Kontratypen** ist, dass sie stark zwischen ihrem jeweiligen Stress- und Entspannungspunkt schwanken, da sie ihr eigenes ihnen innewohnende Prinzip ja **ablehnen/negieren** und sich daher selten genau in ihrem wahren Enneagrammpunkt zentrieren.

Kontratypen sind die

sexuellen Untertypen **1, 5, 6**

selbsterhaltenden Untertypen **2, 3, 4**

sozialen Untertypen **7, 8, 9**

9 Sozialer Untertyp kämpft gegen Trägheit/ Bequemlichkeit/ Faulheit an

8 Sozialer Untertyp kämpft gegen Schamlosigkeit/ Wollust/ Unkeuschheit an

1 Sexueller Untertyp kämpft gegen Wut/ Ärger/Zorn an

7 Sozialer Untertyp kämpft gegen Völlerei/ Unersättlichkeit/ Unmäßigkeit/ an

2 Selbsterhaltender Untertyp kämpft gegen Stolz/ Einbildung/ Selbstgefälligkeit an

6 Sexueller Untertyp kämpft gegen Angst/ Furcht/Zweifel an (= kontraphobischer Typ)

3 Selbsterhaltender Untertyp kämpft gegen Täuschung/ Lüge/Eitelkeit an

5 Sexueller Untertyp kämpft gegen Habsucht/ Habgier/Distanz an

4 Selbsterhaltender Untertyp kämpft gegen Neid/ Melancholie/ Trauer an

Die 9 wirkt dann eher wie Typ 2 oder Typ 3

Die weibliche 8 wirkt dann eher wie Typ 2, die männliche 8 eher wie Typ 9

Die 1 wirkt dann eher wie Typ 8

Die 7 wirkt dann eher wie Typ 1 oder Typ 2 oder auch wie Typ 5

Die 2 wirkt dann eher wie Typ 6 oder Typ 4

Die 6 wirkt dann eher wie Typ 8 oder Typ 3

Die 3 wirkt dann eher wie Typ 1 oder Typ 6 oder auch Typ 9

Die 5 wirkt dann eher wie Typ 4

Die 4 wirkt dann eher wie Typ 3 oder Typ 1 oder auch wie Typ 7

Kontratyp

Ferner neigen alle Kontratypen dazu, sowohl die positiven als auch die negativen Eigenschaften ihres jeweiligen Entspannungspunktes besonders auszuleben.

* Es gibt innerhalb jeder der 9 Typenstrukturen des Enneagramms einen Untertypen, der seiner spezifischen Leidenschaft (Fehlhaltung) nicht nachgeht, sondern sie versucht zu bekämpfen, oft unbewusst. Dieser sog. **Kontra- oder Gegentyp** neigt dazu, die **Grundenergien innerhalb der Triaden** in Verbindung mit den **spezifischen Leidenschaften** *nicht wahrzunehmen, zu negieren oder auszublenden*. Bedingt durch diese beiden Faktoren kommt es unweigerlich zu einer *verzerrten, verstärkten und mitunter unkontrollierbaren Reaktion*, die eine klare Typisierung in der Praxis häufig deutlich erschwert. Die einzelnen Kontratypen gehen zudem immer sehr stark in ihre jeweiligen **Stress- oder Entspannungspunkte** und werden daher damit häufig zusätzlich verwechselt.

85

Die Hauptabhängigkeiten (Abwehrmechanismen, Leidenschaften) * der 27 Untertypen

Animalische Grundtriebe (Instinkte):

1. Selbsterhaltungstrieb (Überlebensmodus)
2. Sozialtrieb (Gruppenzugehörigkeit)
3. Sexualtrieb (Fortpflanzung)

SE = Selbsterhaltender Untertyp
SO = **So**zialer Untertyp
S = **S**exuellIer Untertyp
kp = kontraphobischer 6er-Typ
KT = Kontra- oder Gegentyp

9

SE-UT: Trägheit in Bezug auf die Selbsterhaltung

SO-UT (KT): Trägheit in Bezug auf das soziale Miteinander

S-UT: Trägheit in Bezug auf Beziehungen/Sexualität

8

SE-UT: Begierde in Bezug auf die Selbsterhaltung

SO-UT (KT): Begierde in Bezug auf das soziale Miteinander

S-UT: Begierde in Bezug auf Beziehungen/Sexualität

1

SE-UT: Zorn in Bezug auf die Selbsterhaltung

SO-UT: Zorn in Bezug auf das soziale Miteinander

S-UT (KT): Zorn in Bezug auf Beziehungen/Sexualität

7

SE-UT: Maßlosigkeit in Bezug auf die Selbsterhaltung

SO-UT (KT): Maßlosigkeit in Bezug auf das soziale Miteinander

S-UT: Maßlosigkeit in Bezug auf Beziehungen/Sexualität

2

SE-UT (KT): Hochmut in Bezug auf die Selbsterhaltung

SO-UT: Hochmut in Bezug auf das soziale Miteinander

S-UT: Hochmut in Bezug auf Beziehungen/Sexualität

Einer der **drei Grundtriebe** (Instinkte) des Menschen *(1. Selbsterhaltungsinstinkt, 2. sozialer Instinkt, 3. sexuell-aggressiver Instinkt)* verbindet („koppelt") sich mit einer der ...

6

SE-UT: Angst in Bezug auf die Selbsterhaltung

SO-UT: Angst in Bezug auf das soziale Miteinander

S-UT (KT) (kp): Angst in Bezug auf Beziehungen/Sexualität

3

SE-UT (KT): Täuschung in Bezug auf die Selbsterhaltung

SO-UT: Täuschung in Bezug auf das soziale Miteinander

S-UT: Täuschung in Bezug auf Beziehungen/Sexualität

... **9 Hauptabhängigkeiten** *Zorn, Stolz, Eitelkeit, Neid, Geiz, Angst, Maßlosigkeit, Begierde, Trägheit,* so entstehen die **wesentlichen Charakterzüge** eines Menschen.

5

SE-UT: Geiz in Bezug auf die Selbsterhaltung

SO-UT: Geiz in Bezug auf das soziale Miteinander

S-UT (KT): Geiz in Bezug auf Beziehungen/Sexualität

4

SE-UT (KT): Missgunst in Bezug auf die Selbsterhaltung

SO-UT: Missgunst in Bezug auf das soziale Miteinander

S-UT: Missgunst in Bezug auf Beziehungen/Sexualität

VR
Verlagshaus
RATHMER

* Die dem einzelnen Enneatypen in aller Regel nicht bewussten **Hauptabhängigkeiten oder Hauptlaster des Menschen** lassen sich je nach Besonderheit der einzelnen 27 Untertypen konkret als das **unbewusste Hauptproblem** oder Hauptthema des jeweiligen Untertypen formulieren. Je unbewusster und kränker der Mensch ist, desto intensiver lebt er diese einseitige Charakterfixierung zum Nachteil seiner Umgebung und sich selbst.

Die 9 Todsünden * (Hauptlaster oder Hauptabhängigkeiten) des Menschen

Die 9 Todsünden werden etwas neutraler ausgedrückt auch als Leidenschaften bezeichnet.

Jeder Mensch kann zwar untergeordnet Anteile verschiedener Abhängigkeiten besitzen, aber nur *eine* Hauptabhängigkeit bestimmt maßgeblich sein Leben.

9

Acedia *

Faulheit
(Ignoranz,
Trägheit des
Herzens)

8

Luxuria *

Wollust (Aus-
schweifung,
Genusssucht,
Begierde,
Begehren)

1

Ira *

Zorn
(Wut, Ärger,
Rachsucht)

9. Überangepasst **

8. Sadistisch **

1. Perfektionismus **

2

Superbia *

Hochmut
(Stolz, Über-
mut)

7

Gula *

Völlerei
(Gefräßigkeit,
Unmäßigkeit,
Maßlosigkeit)

7. Narzisstisch **

2. Histrionisch
(theatralisch) **

6. Paranoid **

3. Marketing-
Orientierung **

6

Angor/
Timor *

(Angst,
Furcht,
Feigheit)

5. Pathologische
Zurückgezogenheit **

4. Depressiv-
masochistisch **

3

Vana
Gloria *

Ruhmsucht
(Eitelkeit,
Täuschung)

5

Avaritia *

Geiz
(Habgier)

4

Invidia/
Tristitia *

Neid, Trüb-
sinn (Miss-
gunst)

** Entsprechungen
(psychologisch) nach
Claudio Naranjo

VR
Verlagshaus
RATHMER

* *Der Sündenkatalog der klassischen Theologie* umfasste ursprünglich nur **7 Todsünden**, die sog. SALIGIA, ein im Mittelalter entstandenes Akronym aus den Anfangsbuchstaben der lateinischen Bezeichnungen für die **7 Hauptlaster des Menschen**: **Superbia, Avaritia, Luxuria, Ira, Gula Invidia, Acedia**, denen auch entsprechende Dämonen zugeordnet wurden. Später wurden durch den Wüstenvater **Euagrios Pontikos** noch die **Vana Gloria** sowie die **Tristitia** hinzugefügt, letztere entsprach aber wie die **Invidia** dem Enneagrammpunkt 4, sodass man auf acht negative Eigenschaften des Menschen kam. Interessanterweise wurde die **Angst** als 9. Hauptlaster in diesem Zusammenhang nicht erkannt. Diese insgesamt also **9 Todsünden** treiben im Verborgenen (Unterbewusstsein) ihr unseliges „dämonisches" Eigenspiel und sind dem Menschen in aller Regel nicht bewusst *(sog. „blinder Fleck")*.

Weiterführende und ergänzende Literatur des Autors

- **Wer du wirklich bist** - *Enneagramm-Wissen in farbigen Schaubildern* (Mit Enneagramm-Diagnose-Test), 300 Seiten, Taschenbuch, broschiert, Verlagshaus Rathmer, Billerbeck, März 2015
- **Rathmer`s großes Enneagramm-Lexikon von A-Z** (Ein Nachschlagewerk über die 9 Enneatypen inklusive der 27 Untertypen und der 27 Tritypen), 356 Seiten, wahlweise gebundene Ausgabe mit Lesebändchen oder broschiertes Taschenbuch, Verlagshaus Rathmer, Billerbeck, Mai 2017
- **Rathmer`s Enneagramm-Typentest - Kompakter Persönlichkeitstest zur Bestimmung des eigenen Enneagrammtyps (Enneatyps/Untertyps/Trityps)**, Taschenbuch, broschiert, auch als E-Book erhältlich, Verlagshaus Rathmer, Billerbeck, Dezember 2017
- **7 Wege zu dir selbst** - *Lebenskunst für den Alltag*, 115 Seiten, Taschenbuch, broschiert, Mankau-Verlag, Murnau a. Staffelsee, November 2008
- **Sei still und wisse - Ich bin GOTT!** - *Finde die heilsame Stille in Dir*, 76 Seiten, Taschenbuch, broschiert, auch als E-Book erhältlich, Verlagshaus Rathmer, Billerbeck, Juli 2009
- **Rathmer`s Repertorium** - *Das große Repertorium der Geist-/Gemütsrubriken und deren Bedeutung in der Homöopathie*, 1568 Seiten, gebunden, Ledereinband, 5 Lesebändchen, Verlagshaus Rathmer, Billerbeck, Mai 2011 (auch als E-Book Edition lizenziert im pdf-Format erhältlich)
- **Das große Enneagramm-Homöopathie Repertorium von A-Z** - *Eine facettenreiche Darstellung der Enneagramm-Homöopathie in Form von Gemüts-, Symbol- und Themenrubriken*, 392 Seiten, gebunden, 1 Lesebändchen, Verlagshaus Rathmer, Billerbeck, Oktober 2014 (auch als E-Book Edition lizenziert im pdf-Format erhältlich)
- **Repertorium der hervorstechenden Gemütsrubriken** - *Differenzierung der 9 Enneagramm-Heilmittel in der Homöopathie*, 256 Seiten, gebunden, 1 Lesbändchen, Verlagshaus Rathmer, Billerbeck, September 2014 (auch als E-Book Edition lizenziert im pdf-Format erhältlich)
- **Die Dynamik der 9 Enneagramm-Heilmittel** - *Die dynamischen Beziehungen zwischen den einzelnen Heilmitteln der Enneagramm-Homöopathie*, 280 Seiten, gebunden, 1 Lesebändchen, Verlagshaus Rathmer, Billerbeck, Oktober 2014 (auch als E-Book Edition lizenziert im pdf-Format erhältlich)
- **Lehrbuch der Enneagramm-Homöopathie** in drei Bänden: **Band 1: Arzneimittellehre Typen I - IV**, 348 Seiten, Taschenbuch, broschiert, Verlagshaus Rathmer, Billerbeck, Februar 2013 (auch als E-Book Edition lizenziert im pdf-Format erhältlich) **Band 2: Arzneimittellehre Typen V - IX**, 420 Seiten, Taschenbuch, broschiert, Verlagshaus Rathmer, Billerbeck, Februar 2013 (auch als E-Book Edition lizenziert im pdf-Format erhältlich), **Band 3: Enneagramm-Homöopathie Repertorium**, 376 Seiten, Taschenbuch, broschiert, Verlagshaus Rathmer, Billerbeck, Februar 2013 (auch als E-Book Edition lizenziert im pdf-Format erhältlich)
- **Der Kern der Heilmittel** - *Die zentralen Geist-/Gemütsrubriken der homöopathischen Arzneimittel/The central mind rubrics of the homoeopathic medicines*, homöopathische Arzneimittellehre, zweisprachig deutsch/englisch, 526 Seiten, gebunden, 1 Lesebändchen, Verlagshaus Rathmer, Billerbeck, Dezember 2011 (auch als E-Book Edition lizenziert im pdf-Format erhältlich)
- **Homöopathische Arzneimittellehre der Single-Rubriken aus dem Geist-/Gemütsbereich** - *Das geistige Wesen der 500 wichtigsten Heilmittel in der Homöopathie*, 348 Seiten, Taschenbuch, broschiert, Verlagshaus Rathmer, Billerbeck, Juli 2009
- **Fallanalyse in der Homöopathie nach Sehgal** - *Autodidaktisches Lern- und Arbeitsbuch anhand von 36 Fällen aus der homöopathischen Praxis*, 320 Seiten, Taschenbuch, broschiert, Eva-Lang-Verlag, Worpswede, März 2008
- **Enneagramm-Homöopathie - Unterrichtsmaterial** - *20 Unterrichtseinheiten für das Selbststudium der Enneagramm-Homöopathie*, 376 Seiten, E-Book Edition im pdf-Format, Verlagshaus Rathmer, 2016 (lfd. aktualisiert)
- **Das Unterrichtsskript zur Sehgal-Ausbildung** - *Unterrichtsmaterialien aus der Sehgal-Schule für das Eigenstudium der Sehgal-Methode*, 500 Seiten, E-Book im pdf-Format, Verlagshaus Rathmer, 2012 (lfd. aktualisiert)
- **Gesetzeskunde für Heilpraktiker** *zur Vorbereitung auf die amtsärztliche Überprüfung beim Gesundheitsamt*, 208 Seiten, E-Book Edition im pdf-Format, Verlagshaus Rathmer, August 2015.